Jäde

BayBO 2008 von A–Z

D1717964

Schriftenreihe Fundstelle Bayern
Band 2

BayBO 2008 von A–Z

von
Henning Jäde
Leitender Ministerialrat
Oberste Baubehörde im Bayerischen Staatsministerium des Innern

RICHARD BOORBERG VERLAG
STUTTGART · MÜNCHEN
HANNOVER · BERLIN · WEIMAR · DRESDEN

Bibliografische Information Der Deutschen Bibliothek

Die Deutsche Bibliothek verzeichnet diese Publikation in der Deutschen Nationalbibliografie; detaillierte bibliografische Daten sind im Internet über **http://dnb.ddb.de** abrufbar.

ISBN 978-3-415-04010-6

© Richard Boorberg Verlag GmbH & Co KG, 2007
www.boorberg.de

Satz: Thomas Schäfer, www.schaefer-buchsatz.de
Druck und Verarbeitung: Bercker Graphischer Betrieb, Kevelaer
Papier: säurefrei, aus chlorfrei gebleichtem Zellstoff hergestellt; alterungsbeständig

Vorwort

Mit dem Gesetz zur Änderung der Bayerischen Bauordnung und Änderungsgesetz vom 24. 7. 2007 (GVBl S. 499) hat der Gesetzgeber zum dritten Mal seit 1994 die BayBO umfassend novelliert. Zwar liegt die im Wesentlichen zum Jahresbeginn 2008 in Kraft tretende Neufassung (Bekanntmachung der Neufassung der Bayerischen Bauordnung vom 14. 8. 2007, GVBl S. 588) sachlich auf der seit 1994 verfolgten reformpolitischen Linie; insbesondere bleibt die verfahrensrechtliche Grundstruktur mit den Elementen Genehmigungsfreistellung, vereinfachtes Baugenehmigungsverfahren und Baugenehmigungsverfahren erhalten. Gleichwohl gibt es auch im Verfahrensrecht Änderungen nicht nur im Detail. Darüber hinaus erfasst die Novelle in erheblichem Umfang zentrale materiellrechtliche Regelungskomplexe wie das Abstandsflächenrecht, den Brandschutz und die Stellplätze. Die Anpassung des bayerischen Bauordnungsrechts an die Musterbauordnung (MBO) 2002 führt zudem zu einer gewissen Umstrukturierung auch des Aufbaus des Gesetzes.

Alles dies löst einen erheblichen (Neu-)Orientierungsbedarf aus, bei dessen Abarbeitung die vorliegende Darstellung eine erste Hilfestellung bieten möchte. Sie zielt vor allem auf die Alltagsbedürfnisse der (namentlich kommunalen) Vollzugspraxis. Im Vordergrund stehen daher die Grundstrukturen, das Verfahrensrecht und die geläufigen materiellrechtlichen Fragestellungen; demgegenüber treten die mehr „technisch" orientierten Regelungsbereiche – wie Brandschutz und technische Gebäudeausrüstung – zurück. Behandelt wird grundsätzlich nur, was neu ist; wer wissen möchte, wo welche ihm vertraute Vorschrift geblieben ist (und weshalb), sollte zu meiner im gleichen Verlag erschienenen Textsynopse der alten und der neuen Fassung der BayBO mit amtlicher Begründung greifen. Die Darstellung beschränkt sich auf das Wesentlichste – darüber, ob dann wirklich alles (aber auch nur alles) Wesentliche erfasst ist, lässt sich bekanntlich trefflich streiten.

Art. ohne Angabe eines Gesetzes sind solche der BayBO. Die bisherige Fassung in der Fassung der Bekanntmachung vom 4. 8. 1997 (GVBl S. 433), zuletzt geändert durch Gesetz vom 10. 3. 2006 (GVBl S. 120), wird als „a. F." zitiert, die aktuelle Fassung ohne Zusatz. Verweisungen (→) beziehen sich auf die Randnummern.

Das Buch ist auf dem Stand vom 1. November 2007. Zu diesem Zeitpunkt waren die auf der Grundlage der BayBO 2008 neu zu erlassenden bzw. zu ändernden Rechtsverordnungen, insbesondere auch die BauVorlV 2008, die PrüfVBau und die GaStellV, noch nicht im GVBl verkündet; sie werden daher nach dem Stand der Entwurfsfassung zitiert, die der Verbändebeteiligung (September 2007) zugrunde gelegen hat.

Flintsbach am Inn, im November 2007

Henning Jäde

Inhaltsverzeichnis

Abkürzungsverzeichnis

a. A.	anderer Ansicht
abl.	ablehnend
Abs.	Absatz
a. F.	alte Fassung
AllMBl	Allgemeines Ministerialblatt
Anm.	Anmerkung
Art.	Artikel
BauGB	Baugesetzbuch
BauNVO	Baunutzungsverordnung
BauO Bln	Bauordnung für Berlin
BauO LSA	Bauordnung des Landes Sachsen-Anhalt
BauO NRW	Bauordnung für das Land Nordrhein-Westfalen
BauR	Baurecht (Zeitschrift)
BauVorlV 2008	Verordnung über Bauvorlagen und bauaufsichtliche Anzeigen (Bauvorlagenverordnung)
BayBGG	Bayerisches Behindertengleichstellungsgesetz
BayBO	Bayerische Bauordnung
BayObLG	Bayerisches Oberstes Landesgericht
BayObLGZ	Amtliche Sammlung der Entscheidungen des Bayerischen Obersten Landesgerichts in Zivilsachen
BayStrWG	Bayerisches Straßen- und Wegegesetz
BayVBl.	Bayerische Verwaltungsblätter (Zeitschrift)
BayVGH	Bayerischer Verwaltungsgerichtshof
BayVwVfG	Bayerisches Verwaltungsverfahrensgesetz
BBauBl., BBB	Bundesbaublatt
Beschl.	Beschluss
BGH	Bundesgerichtshof
BremLBO	Bremische Landesbauordnung
BRS	Baurechtssammlung
BStättV	Beherbergungsstättenverordnung
Buchst.	Buchstabe
BVerfG	Bundesverfassungsgericht
BVerfGE	Amtliche Entscheidungssammlung des Bundesverfassungsgerichts
BVerwG	Bundesverwaltungsgericht
BVerwGE	Amtliche Entscheidungssammlung des Bundesverwaltungsgerichts
DB	Der Betrieb (Zeitschrift)
ders.	Derselbe
DÖV	Die Öffentliche Verwaltung (Zeitschrift)
Doppelbuchst.	Doppelbuchstabe
DSchG	Denkmalschutzgesetz
DVBl.	Deutsches Verwaltungsblatt
E.	Entscheidung

EAG Bau	Europarechtsanpassungsgesetz Bau
Erl.	Erläuterung
f.	folgende(r)
ff.	fortfolgende
FStBay	Fundstelle Bayern (Zeitschrift)
Fußn.	Fußnote
GaStellV	Verordnung über den Bau und Betrieb von Garagen sowie über die Zahl der notwendigen Stellplätze
GewArch	Gewerbearchiv (Zeitschrift)
GVBl	Gesetz- und Verordnungsblatt
HBauO	Hamburgische Bauordnung
HBO	Hessische Bauordnung
HessVGH	Hessischer Verwaltungsgerichtshof
Hrsg.	Herausgeber
i. V. m.	in Verbindung mit
JuS	Juristische Schulung (Zeitschrift)
KommJur	Kommunaljurist (Zeitschrift)
KVz	Kostenverzeichnis
krit.	kritisch
LBauO	Landesbauordnung
LBauO M-V	Landesbauordnung Mecklenburg-Vorpommern
LBO	Landesbauordnung
LKV	Landes- und Kommunalverwaltung (Zeitschrift)
LT-Drs.	Landtagsdrucksache
MBO	Musterbauordnung
NBauO	Niedersächsische Bauordnung
NJW	Neue Juristische Wochenschrift
Nr(n).	Nummer(n)
NuR	Natur und Recht (Zeitschrift)
NVwZ	Neue Zeitschrift für Verwaltungsrecht
NVwZ-RR	NVwZ-Rechtsprechungs-Report
NWVBl.	Nordrhein-Westfälische Verwaltungsblätter
o.	oben
OVG	Oberverwaltungsgericht
PrüfVBau	Verordnung über die Prüfingenieure, Prüfämter und Prüfsachverständigen im Bauwesen
RdNr(n).	Randnummer(n)
SächsABl.	Sächsisches Amtsblatt
SächsBO	Sächsische Bauordnung
SächsOVG	Sächsisches Oberverwaltungsgericht
SächsVBl.	Sächsische Verwaltungsblätter
ThürBO	Thüringer Bauordnung
ThürOVG	Thüringer Oberverwaltungsgericht
ThürStAnz	Thüringer Staatsanzeiger
ThürVBl.	Thüringer Verwaltungsblätter
u.	unten
UPR	Umwelt- und Planungsrecht (Zeitschrift)
UVP	Umweltverträglichkeitsprüfung
UVPG	Gesetz über die Umweltverträglichkeitsprüfung

Urt.	Urteil
VerfGH	Verfassungsgerichtshof
VGH	Verwaltungsgerichtshof
VkV	Verkaufsstättenverordnung
VR	Verwaltungsrundschau (Zeitschrift)
VRspr.	Verwaltungsrechtsprechung (Zeitschrift)
VwGO	Verwaltungsgerichtsordnung
WiVerw	Wirtschaft und Verwaltung (Zeitschrift)
ZfBR	Zeitschrift für deutsches und internationales Bau- und Vergaberecht

BayBO 2008 von A–Z

Abbruch → 59 (Beseitigung)

Abenteuerspielplatz → 126 (Verfahrensfreiheit)

Abgasanlage
Verfahrensfrei sind Abgasanlagen in und an Gebäuden sowie freistehende   **1**
Abgasanlagen mit einer Höhe bis zu 10 m (Art. 57 Abs. 1 Nr. 2 Buchst. a).

Abgeschlossenheit → 157 (Wohnung)

Abort → 137 (Toilette)

Ablösungsvertrag → 131

Abstandsflächen
Das Abstandsflächenrecht der BayBO ist – unter redaktioneller Zusammen-   **2**
fassung und inhaltlicher Straffung der bisherigen Art. 6 und 7 a. F. – strukturell grundsätzlich unverändert geblieben. Insbesondere ändert sich nichts
an dem Grundsatz, dass die Abstandsflächentiefe regelmäßig 1 H (= Wandhöhe), mindestens 3 m beträgt (Art. 6 Abs. 4 Satz 1 a. F. = Art. 6 Abs. 5
Satz 1); auch das 16-m-Privileg bleibt erhalten (Art. 6 Abs. 5 a. F. = Art. 6
Abs. 6). Damit gehört Bayern – neben Niedersachsen (§ 7 Abs. 3 NBauO)[1]
und Schleswig-Holstein (§ 6 Abs. 5 Satz 1 LBO)[2] – zu den letzten Ländern,
die an der Regelabstandsflächentiefe von 1 H festhalten[3]. Auf eine Reihe
von Detailregelungen wurde namentlich mit Blick auf die allgemeine Ab-

---

1 Allerdings letztlich beschränkt auf Gebiete, in denen Wohnungen allgemein zulässig sind, im
  Übrigen 0,5 H (vgl. § 7 Abs. 4 Satz 1 Nr. 3 NBauO).
2 Die derzeit vorbereitete schleswig-holsteinische Bauordnungsnovelle beabsichtigt aber eine
  Reduzierung der Regelabstandsflächentiefe auf 0,4 H.
3 Baden-Württemberg: 0,6 H (§ 5 Abs. 7 Nr. 1 LBO); Berlin: 0,4 H (§ 6 Abs. 5 Satz 1 BauO Bln);
  Brandenburg: 0,5 H (§ 6 Abs. 5 Satz 1 BbgBO); Bremen: 0,6 H (§ 6 Abs. 5 Satz 1 Nr. 1
  BremLBO); Hamburg: 0,4 H (§ 6 Abs. 5 Satz 1 HBauO); Hessen: 0,4 H (§ 6 Abs. 5 Nr. 1 HBO);
  Mecklenburg-Vorpommern: 0,4 H (§ 6 Abs. 5 Satz 1 LBauO M-V); Nordrhein-Westfalen: 0,8 H
  (§ 6 Abs. 5 Satz 1 tiret 1 BauO NRW); Rheinland-Pfalz: 0,4 H (§ 8 Abs. 6 Satz 1 LBauO); Saar-
  land: 0,4 H (§ 7 Abs. 5 Satz 1 LBO); Sachsen: 0,4 H (§ 6 Abs. 5 Satz 1 SächsBO); Sachsen-
  Anhalt: 0,4 H (§ 6 Abs. 5 Satz 1 BauO LSA); Thüringen: 0,4 H (§ 6 Abs. 5 Satz 1 ThürBO).

weichungsregelung in Art. 63 Abs. 1 verzichtet (vgl. Art. 6 Abs. 6 und 8, Art. 7 Abs. 2 a. F.). Entfallen ist wegen des Vorrangs der bauplanungsrechtlichen Vorgaben über die Bauweise die Möglichkeit, davon abstandsflächenrechtlich abweichendes Bauen zu fordern oder zuzulassen (Art. 6 Abs. 1 Sätze 3 und 4 a. F.).

3   Die Herausnahme der Abstandsflächen aus dem Prüfprogramm des vereinfachten Baugenehmigungsverfahrens (Art. 59 Satz 1) macht es erforderlich, die Anforderungen des Abstandsflächenrechts für den Bauherrn möglichst „ablesbar" auszugestalten. Das gilt insbesondere auch für die – nicht immer einfach zu beantwortende – Frage, welche Bauteile bei der Bemessung der Abstandsflächen außer Betracht bleiben[4]. Art. 6 Abs. 8 präzisiert vor diesem Hintergrund die bisher in Art. 6 Abs. 3 Satz 7 a. F. getroffene Regelung dahin, dass insoweit unbeachtlich sind vor die Außenwand vortretende Bauteile wie Gesimse und Dachüberstände (Nr. 1), Vorbauten[5] wie Balkone und eingeschossige Erker (Nr. 2), wenn sie insgesamt nicht mehr als ein Drittel der Breite der jeweiligen Außenwand, höchstens jedoch 5 m, in Anspruch nehmen (Buchst. a), nicht mehr als 1,50 m vor diese Außenwand vortreten (Buchst. b) und mindestens 2 m von der gegenüberliegenden Nachbargrenze entfernt bleiben (Buchst. c).

4   Eine wichtige strukturelle Änderung enthält Art. 6 Abs. 9, die Nachfolgevorschrift des Art. 7 Abs. 4 a. F. Bisher durfte die abstandsflächenrechtlich privilegierte Grenzbebauung ausschließlich an der Grenze errichtet werden; andernfalls musste sie die Mindestabstandsflächentiefe von 3 m einhalten. Davon trennt sich Art. 6 Abs. 9 Satz 1, nach dem die einschlägige Grenzbebauung in den Abstandsflächen eines Gebäudes sowie ohne eigene Abstandsflächen zulässig ist, auch wenn sie nicht an die Grundstücksgrenze oder an das Gebäude angebaut wird. Das ermöglicht beispielsweise die Unterbringung eines gestalterisch erwünschten Dachüberstands einer Grenzgarage auf dem eigenen Grundstück, ohne dass dafür eine Abweichung nach Art. 63 Abs. 1 Satz 1 Halbsatz 1 erforderlich würde.

5   Bei der Regelung der abstandsflächenrechtlichen Zulässigkeit von Grenz- und (nunmehr) grenznahen Gebäuden (Art. 6 Abs. 9 Satz 1 Nr. 1) ist die zulässige Gesamtlänge je Grundstücksgrenze auf 9 m angehoben worden; zusätzlich abstandsflächenrechtlich privilegiert sind bei einer Gesamtlänge der (jeweiligen) Grundstücksgrenze von mehr als 42 m freistehende Ge-

---

4 Dazu aus der neueren Rechtsprechung etwa *BayVGH*, Beschl. v. 13. 7. 2005 – 14 CS 05.1102; Beschl. v. 30. 1. 2006 – 25 CS 05.2994 –, FStBay 2006/214 = BayVBl. 2007, 21 = BauR 2006, 1116 (jeweils zu Dachgauben).

5 Auf deren Funktion es nicht ankommt: *BayVGH*, Beschl. v. 14. 6. 2007 – 1 CS 07.265.

bäude ohne Aufenthaltsräume und Feuerstätten mit einer mittleren Wandhöhe bis zu 3 m, nicht mehr als 50 m³ Brutto-Rauminhalt und einer Gesamtlänge je Grundstücksgrenze von 5 m⁶. Zusammen mit den (neu) in den Abstandsflächen nach Art. 9 Abs. 1 Satz 1 Nr. 2 zulässigen Solaranlagen darf die Länge der die Abstandsflächentiefe gegenüber den Grundstücksgrenzen nicht einhaltende Bebauung auf einem Grundstück insgesamt 15 m nicht überschreiten (Satz 2). Welche Fläche die abstandsflächenrechtlich zulässige Grenzbebauung haben darf, wird in der Neufassung nicht mehr bauordnungsrechtlich geregelt, sondern ergibt sich aus den bauplanungsrechtlichen Rahmenbedingungen. Ebenfalls neu im Verhältnis zum früheren Recht ist, dass die Regelung nicht mehr nur *Neben-*, sondern schlechthin *Gebäude* begünstigt. Damit ist Voraussetzung für eine zulässige Grenzbebauung jedenfalls nicht mehr[7], dass zugleich auf dem Baugrundstück ein Hauptgebäude vorhanden (oder doch möglich) ist, dem das Gebäude funktional zugeordnet wäre (oder zugeordnet werden könnte); daraus wird man eine entsprechende gesetzgeberische Regelungsabsicht für Garagen entnehmen können.

Neu an der Grenze oder grenznah zulässig sind nunmehr auch gebäudeunabhängige Solaranlagen mit einer Höhe bis zu 3 m und einer Gesamtlänge je Grundstücksgrenze von 9 m (Art. 6 Abs. 9 Satz 1 Nr. 2) sowie Stützmauern und geschlossene Einfriedungen in Gewerbe- und Industriegebieten (ohne Höhenbegrenzung), außerhalb dieser Baugebiete mit einer Höhe bis zu 2 m (Nr. 3). **6**

Das Abstandsflächenrecht des § 6 MBO⁸ ist mit Rücksicht auf die massiven, vor allem auch von kommunaler Seite vorgetragenen Besorgnisse nicht umgesetzt worden, es könne zu einer als städtebaulich unerwünscht ange- **7**

---

6 Diese Regelung ist erst in den Landtagsberatungen eingefügt worden und geht auf den Antrag der Abgeordneten Bocklet u. a. CSU (LT-Drs. 15/8319 v. 13. 6. 2007) zurück. Die Bemessung der Länge der Grundstücksgrenze von mindestens 42 m ist aus der Überlegung entstanden, dass zusätzlich zu den regelmäßig zulässigen 9 m Grenzbebauung weitere 5 m Grenzbebauung ermöglicht werden sollten; um bezogen auf die Länge der Grundstücksgrenze noch untergeordnet zu sein, sollte sie aber nicht mehr als ein Drittel davon (vgl. Art. 6 Abs. 8 Nr. 2 Buchst. a) in Anspruch nehmen: (5 + 9) m × 3 = 42 m.

7 So aber für die bisherige Rechtslage die Rechtsprechung des *BayVGH*, zuletzt Beschl. v. 4. 10. 2006 – 1 N 05.915 –, FStBay 2007/107; neuerdings zweifelnd Beschl. v. 22. 8. 2007 – 1 CS 07.1819.

8 Aus der Diskussion dazu s. *Boeddinghaus*, Die Abstandsregelungen nach der neuen Musterbauordnung, ZfBR 2003, 738; *ders.*, Änderungen der Vorschriften über den Vorrang planungsrechtlicher Regelungen vor den bauordnungsrechtlichen Abstandsregelungen, BauR 2003, 1664; *ders.*, Sozialabstand, BauR 2004, 763; *ders.*, Deregulierung – Die Entwicklung des Abstandsrechts in den Landesbauordnungen in den Jahren 2002 bis 2006, BauR 2006, 1248; Bernd H. *Schulte*, Abstände und Abstandsflächen in der Schnittstelle zwischen Bundes- und

sehenen Verdichtung beitragen. Art. 6 Abs. 7 ermöglicht es aber der Gemeinde, verkürzt ausgedrückt: für das Abstandsflächenrecht der MBO 2002 zu optieren[9] und eröffnet damit die Möglichkeit eines landesweiten Feldversuchs. Nach angemessener Zeit – vier bis fünf Jahren – sollen die Erfahrungen mit beiden Abstandsflächensystemen erhoben und bewertet werden; anschließend soll entschieden werden, ob doch dem „neuen" Abstandsflächenrecht der Vorzug gebührt, ob es beim „alten" Abstandsflächenrecht bleiben oder bei der nunmehr eingeführten „Zweispurigkeit" sein Bewenden haben soll.

8 Nach Art. 6 Abs. 7 kann die Gemeinde durch Satzung, die auch nach Art. 81 Abs. 2 erlassen werden kann, abweichend von Abs. 4 Sätze 3 und 4, Abs. 5 Sätze 1 und 2 sowie Abs. 6 für ihr Gemeindegebiet oder Teile des Gemeindegebiets regeln, dass nur die Höhe von Dächern mit einer Neigung von weniger als 70 Grad zu einem Drittel, bei einer größeren Neigung der Wandfläche voll hinzugerechnet wird (Nr. 1) und die Tiefe der Abstandsfläche 0,4 H, mindestens 3 m, in Gewerbe- und Industriegebieten 0,2 H, mindestens 3 m beträgt. Die Regelung wird durch „Satzung" getroffen, über deren nähere rechtliche Einordnung sich das Gesetz nicht äußert. Da ausdrücklich hervorgehoben wird, dass die Satzung auch nach Art. 81 Abs. 2 erlassen werden kann, handelt es sich jedenfalls nicht um eine örtliche Bauvorschrift im Sinn des Art. 81 Abs. 1. Damit stellt sich die Frage, in welchem Wirkungskreis die Satzung erlassen wird. Dabei ist davon auszugehen, dass – anders als bei der ortsgestaltenden Abstandsflächensatzung nach Art. 81 Abs. 1 Nr. 6 – die Gemeinde lediglich zwischen zwei Abstandsflächensystemen auswählt, die ihr die BayBO zur Verfügung stellt und die beide (mehr oder minder) an den spezifisch sicherheitsrechtlichen Zielsetzungen des Bauordnungsrechts orientiert sind. Daher spricht viel dafür, dass es sich – anders als in den Fällen des Art. 81 Abs. 1 – um eine Satzung im übertragenen Wirkungskreis handelt. Wäre dies der Fall, so wäre auch mit Blick auf die gemeindliche Planungs- und Ortsgestaltungshoheit unbedenklich, dass Art. 63 Abs. 3 Satz 2 lediglich für Abweichungen von örtlichen Bauvorschriften vorsieht, dass sie nur im Einvernehmen

---

Landesrecht – Der neue § 6 Bauordnung NRW und seine Bezüge zum Bauplanungsrecht, BauR 2007, 1514.

9 Das Abstandsflächenrecht des Art. 6 Abs. 7 BayBO 2008 weicht aber insofern von § 6 MBO ab, als es die Sonderregelung für eine Mindestabstandsflächentiefe von 3 m bei Gebäuden der Gebäudeklassen 1 und 2 mit nicht mehr als drei oberirdischen Geschossen (§ 6 Abs. 5 Satz 3 MBO) nicht enthält.

mit der Gemeinde zugelassen werden können[10]. Zu demselben Ergebnis führt die Überlegung, dass die Gemeinde mit der Satzung nach Art. 6 Abs. 7 nur über die Anwendbarkeit des bis ins Detail vorgegebenen „staatlichen" Abstandsflächenrechts entscheidet, nicht aber solches Abstandsflächenrecht „kreativ" selbst schafft, sodass bei Abweichungen – näher betrachtet – nicht über Abweichungen von einer gemeindlichen Satzung entschieden wird, sondern von unmittelbar bauordnungsrechtlichem Abstandsflächenrecht, und damit allein nach Art. 63 Abs. 1 Satz 1 Halbsatz 1.

Die Gemeinde kann die Satzung für ihr gesamtes Gemeindegebiet oder **9** für Teile des Gemeindegebiets erlassen. In der Auswahl und Abgrenzung von Teilen des Gemeindegebiets ist die Gemeinde frei; auch kommt es darauf nicht an, ob es sich um (qualifiziert) beplante Bereiche (§ 30 BauGB), nicht beplanten Innenbereich (§ 34 BauGB) oder Außenbereich (§ 35 BauGB) handelt. Erlässt sie die Satzung durch Bebauungsplan (Art. 81 Abs. 2 Satz 1, § 9 Abs. 4 BauGB), ist fraglich, ob dies wegen des Zusammenspiels der Festsetzungen über die Bauweise (§ 22 BauNVO), die überbaubaren Grundstücksflächen (§ 23 BauNVO)[11] und des Abstandsflächenrechts im vereinfachten Verfahren nach § 13 Abs. 2 BauGB erfolgen kann, weil die Grundzüge der Planung (§ 13 Abs. 1 BauGB) berührt sein könnten. Eine sichere Beantwortung ist schon deshalb nicht möglich, weil die neuere Rechtsprechung des *Bundesverwaltungsgerichts*[12] zu erheblichen Unsicherheiten über das Verhältnis zwischen Bauplanungs- und Bauordnungsrecht geführt hat, die noch umfangreichen Klärungsbedarf offen lassen. Allerdings spricht – auch und gerade im Vergleich zu dem Fall, dass eine Satzung nach Art. 6 Abs. 7 „isoliert", also außerhalb eines Bebauungsplans, wenn auch ggf. in einem beplanten Gebiet erlassen wird – Einiges dafür, dass es sich um eine grundsätzlich die Bauleitplanung unberührt lassende bauordnungsrechtliche Regelung handelt, sodass sie in den Fällen des Art. 81 Abs. 2 Satz 1 auch im vereinfachten Verfahren nach § 13 Abs. 2 BauGB erlassen werden kann. Unbeschadet dessen, dass das Abwägungsgebot des § 1 Abs. 7 BauGB (wegen der Verweisung in Art. 81 Abs. 2 Satz 2) nur anwendbar ist, wenn die Gemeinde keine „isolierte" Satzung erlässt,

10 Zum Ganzen auch *Jäde*, Gemeindliches Einvernehmen im Bauordnungsrecht, JuS 1998, 503.
11 Dazu schon *BVerwG*, Urt. v. 12. 1. 1968 – IV C 167.65 –, BVerwGE 29, 49 = BBauBl. 1968, 474 = DÖV 1968, 581 = DVBl. 1968, 515.
12 *BVerwG*, Beschl. v. 31. 5. 2005 – 4 B 14.05 –, FStBay 2005/353 = ZfBR 2005, 559 = BBB 10/2005, 49 = BauR 2005, 1768 = BRS 69 Nr. 148 im Anschluss an *BayVGH*, Urt. v. 20. 12. 2004 – 25 B 98.1862 –, FStBay 2006/69 = BayVBl. 2005, 759 = ZfBR 2005, 560 = NVwZ-RR 2005, 785 = KommJur 2006, 34 = BRS 69 Nr. 142; krit. *Jäde*, Wie verfassungswidrig ist das Bauordnungsrecht?, ZfBR 2006, 9.

sondern entsprechende Festsetzungen in den Bebauungsplan aufnimmt[13], sollte die Gemeinde, wenn sie in beplantem Gebiet eine Satzung nach Art. 6 Abs. 7 erlässt, die Frage in den Blick nehmen, ob der Satzungserlass einen Änderungsbedarf in der Bauleitplanung (§ 1 Abs. 3 Satz 1 BauBG) auslöst. Des weiteren ist fraglich, ob die Gemeinde eine Satzung nach Art. 6 Abs. 7 auch im Geltungsbereich von Bebauungsplänen erlassen kann, in denen sich die Gebäudeabstände nach dessen Festsetzungen richten (Art. 7 Abs. 1 a. F. = Art. 6 Abs. 5 Satz 3). Denn nach Art. 6 Abs. 5 Satz 3 Halbsatz 1 verdrängt dieser Vorrang die Sätze 1 und 2, sofern nicht die Satzung die Geltung dieser Vorschriften anordnet, und erst die Satzung nach Art. 6 Abs. 7 verdrängt ihrerseits (u. a.) wieder Art. 6 Abs. 5 Sätze 1 und 2. Von der Gemeinde zu verlangen, sie müsse erst die Geltung dieser Regelungen anordnen, um sie dann wieder durch die Satzung nach Art. 6 Abs. 7 zu beseitigen, erscheint aber denn doch übertrieben formalistisch.

10 Die Satzung regelt abweichend von Art. 6 Abs. 4 Sätze 3 und 4, Abs. 5 Sätze 1 und 2 sowie Abs. 6, dass nur die Höhe von Dächern mit einer Neigung von weniger als 70 Grad zu einem Drittel, bei einer größeren Neigung der Wandhöhe voll hinzugerechnet wird (Art. 6 Abs. 7 Nr. 1). Die Abweichung von Satz 3 bedeutet – was die Verkürzung der Abstandsflächentiefe auf 0,4 H partiell kompensiert –, dass traufseitig die Dachneigung von Anfang an (und nicht erst ab mehr als 45 Grad) zu einem Drittel angerechnet wird. Das „nur" bedeutet, dass es eine solche Anrechnungsregel allein für die Höhe von Dächern gibt, während – und darin liegt zugleich die Abweichung von Satz 4 – giebelseitig keine (regelmäßig rechtwinklige) Abstandsfläche rechnerisch ermittelt, sondern – nach Sätzen 1 und 2 – die reale Giebelwand einschließlich der Giebelfläche gewissermaßen vor die Außenwand „heruntergeklappt" und um den Faktor 0,4 verzerrt wird[14]; bei einem Satteldach entsteht so eine „zipfelmützenartige" Abstandsfläche, was ebenfalls zusätzlich die Verkürzung der Abstandsflächentiefe auf 0,4 H ausgleicht und u. U. – bei kleineren Häusern mit steilen Satteldächern – auch zu Verschärfungen gegenüber der bisherigen Rechtslage führen kann. Die Abweichung von Satz 5 resultiert aus Art. 6 Abs. 7 Nr. 2. Wird die Abstandsflächentiefe regelmäßig auf 0,4 H verkürzt, ist naturgemäß für das 16-m-Privileg des Art. 6 Abs. 6 kein Raum mehr.

---

13 *BVerwG,* Urt. v. 16. 3. 1995 – 4 C 3.94 –, BauR 1995, 508 = BBauBl. 1995, 639 = BRS 57 Nr. 175 = DÖV 1995, 825 = DVBl. 1995, 754 = NVwZ 1995, 899 = UPR 1995, 277; Beschl. v. 18. 5. 2005 – 4 B 23.05 –, ZfBR 2005, 562 = BBB 10/2005, 48 = BauR 2005, 1752 = BRS 69 Nr. 12.

14 Vgl. zu der entsprechenden Rechtslage in Sachsen *SächsOVG,* Urt. v. 9. 3. 2006 – 1 B 526/04 –, BauR 2007, 353 = LKV 2007, 134.

Die Gemeinde kann die in Art. 6 Abs. 7 vorgesehene Regelung nur in vol- **11** lem Umfang und unverändert übernehmen, also nicht etwa anstatt der in Nr. 2 vorgesehenen 0,4 H eine Regelabstandsflächentiefe von 0,5 H festlegen. Will sie diesen Weg gehen, muss sie sich der örtlichen Bauvorschrift nach Art. 81 Abs. 1 Nr. 6 bedienen. Dort ist allerdings nunmehr[15] klargestellt, dass sich die Ermächtigung lediglich auf die Festlegung abweichender Maße der Abstandsflächentiefe bezieht und damit der Gemeinde nicht erlaubt, sich ein neues Abstandsflächensystem oder gar ein an das zentrale abstandsflächenrechtliche Kriterium der Wandhöhe nicht mehr anknüpfendes System von Gebäudeabständen zu schaffen. Das neu in die Ermächtigung aufgenommene Regelungsmotiv der „Verbesserung der Wohnqualität" zielt insbesondere auf das spezifisch bauordnungsrechtliche Schutzgut der Belichtung und ist deshalb nach Auffassung des Gesetzgebers auch kompetenzrechtlich[16] unbedenklich.

Die Ermächtigungsgrundlage für die Satzung aufgrund Art. 6 Abs. 7 ist **12** bereits am 1. 9. 2007 in Kraft getreten (§ 4 Abs. 2 Nr. 2 des Gesetzes zur Änderung der Bayerischen Bauordnung und Änderungsgesetz vom 24. 7. 2007, GVBl S. 499). Damit dürfen solche Satzungen bereits vor dem 1. 1. 2008 erlassen, aber nicht vor diesem Zeitpunkt in Kraft gesetzt werden, weil erst dann das materielle Recht in Kraft tritt, auf das sie sich beziehen.

Die abweichende Regelung durch Satzung aufgrund Art. 6 Abs. 7 stellt **13** die unmittelbar[17] nachbarschützende Wirkung des Abstandsflächenrechts auch in dieser Alternative nicht in Frage; der Nachbar ist daher in seinen Rechten immer schon dann und unabhängig von einer tatsächlichen Beeinträchtigung verletzt, wenn die jeweils vorgeschriebenen Abstandsflächentiefen nicht eingehalten werden. Gleichwohl dürfte davon auszugehen sein, dass bei Anwendung des Art. 6 Abs. 7 (jedenfalls) der Wohnfriede[18] nicht mehr zu den Schutzgütern des Abstandsflächenrechts gehört[19]. Dies hat zur Folge, dass bei der Zulassung von Abweichungen (Art. 63 Abs. 1 Satz 1

---

15 Mit Blick auf *VerfGH*, E. v. 12. 5. 2004 – Vf. 7-VII-02 –, FStBay 2004/233 = BayVBl. 2004, 559 = NVwZ 2005, 576; *BayVGH*, Urt. v. 30. 5. 2003 – 2 BV 02.689 –, FStBay 2004/66 = BayVBl. 2004, 369.

16 Im Hinblick auf *BVerwG* (o. Fußn. 12).

17 Zur Unterscheidung zwischen unmittelbar und mittelbar nachbarschützenden Normen *Jäde*, in: Jäde/Dirnberger/Bauer/Weiß, Die neue BayBO, Art. 71 a. F. RdNr. 317.

18 Dafür allgemein etwa *BayVGH*, Urt. v. 4. 6. 1996 – 2 B 96.848; Beschl. v. 7. 8. 1996 – 15 B 95.27; v. 29. 9. 1999 – 26 ZS 99.184; *OVG Saarland*, Urt. v. 28. 11. 2000 – 2 R 2/00 –, BauR 2001, 1245 = BRS 63 Nr. 135; *ThürOVG*, Urt. v. 26. 2. 2002 – 1 KO 305/99 –, ThürVBl. 2002, 256 = LKV 2003, 35 = BRS 65 Nr. 130; *BayVGH*, Beschl. v. 19. 2. 2004 – 26 ZB 03.1559 –, FStBay 2005/249.

19 Vgl. die ganz auf die Belichtung abstellende Begründung des Regierungsentwurfs, LT-Drs. 15/7161, S. 43 = *Jäde*, BayBO 1998/2008, S. 48 f.; für die entsprechende Regelung in Sachsen

Halbsatz 1) der Wohnfriede unter dem Aspekt der öffentlich-rechtlich geschützten nachbarlichen Belange nicht mehr in die Abwägung einzustellen ist.

14 Ferner ergibt sich daraus, dass der Gesetzgeber die Verkürzung der Regelabstandsfläche auf 0,4 H zur freien Auswahl der Gemeinde stellt, ohne dafür (besondere, situationsbezogene) Gründe zu verlangen, dass er eine solche Verkürzung der Abstandsflächentiefe (wenn auch einschließlich der damit einhergehenden abweichenden Berechnungsmodalitäten, die mindestens in vielen Fällen 0,4 H „neu" an 0,5 H „alt" annähern) für dem Nachbarn grundsätzlich zumutbar, allerdings aber auch regelmäßig für das sicherheitsrechtlich gebotene Minimum hält. Insoweit wird die zur bisherigen Rechtslage vertretene Auffassung, eine Verkürzung der Abstandsflächen auf weniger als 0,5 H komme nur ganz ausnahmsweise in Betracht[20], zu korrigieren sein.

→ 92 (Genehmigungsfreistellung)

Abstellplatz → 111 f. (Verfahrensfreiheit)

Abstellraum → 159 (Wohnung)

Abwägungsgebot → 9 (Satzung nach Art. 6 Abs. 7)

Abweichung

15 Die Regelung der Abweichung in Art. 63 entspricht weitgehend derjenigen in Art. 70 a. F. Neu ist die Verpflichtung, eine erforderliche Abweichung ausdrücklich zu beantragen und diesen Antrag zu begründen. Das ist vor allem wegen Art. 59 Abs. 1 Nr. 2 im vereinfachten Baugenehmigungsverfahren bedeutsam und wird daher dort erläutert.

16 Neu ist, dass für Abweichungen von örtlichen Bauvorschriften (nach Art. 81 Abs. 1, da sie sich bei solchen nach Art. 81 Abs. 2 wegen der Verweisung in Art. 81 Abs. 2 Satz 2 nach § 31 BauGB richten) sowie von Ausnahmen und Befreiungen von den Festsetzungen eines Bebauungsplans, einer sonstigen städtebaulichen Satzung nach § 31 BauGB oder von Regelungen der Baunutzungsverordnung über die zulässige Art der baulichen

---

SächsOVG, Urt. v. 28. 8. 2005 – 1 B 889/04 –, SächsVBl. 2006, 183 = LKV 2006, 471 = BRS 69 Nr. 127.

20 *BayVGH,* Beschl. v. 22. 9. 2006 – 25 ZB 01.1004 –, FStBay 2007/140 = ZfBR 2007, 586 = BauR 2007, 1558; vgl. auch *OVG Mecklenburg-Vorpommern,* Beschl. v. 10. 7. 1997 – 3 M 82/97 –, BRS 59 Nr. 190.

Nutzung nach § 34 Abs. 2 Halbsatz 2 bei verfahrensfreien Bauvorhaben die Gemeinde entscheidet, und zwar – da es stets um Bauplanungsrecht oder doch um die gemeindliche Selbstgestaltung geht – im eigenen Wirkungskreis. Das gilt auch dann, wenn das Bauvorhaben daneben einer Abweichung von sonstigen bauordnungsrechtlichen Vorschriften bedarf; dass es in diesen – praktisch wohl eher seltenen – Fällen zu einer Parallelzuständigkeit zwischen Gemeinde und Landratsamt kommt (sofern die Gemeinde nicht selbst untere Bauaufsichtsbehörde ist), hat der Gesetzgeber in Kauf genommen. Die Zuständigkeit der Gemeinde für die Zulassung der Abweichung lässt die bauaufsichtliche Zuständigkeit im Übrigen unberührt.

→ 8, 13 (Satzung nach Art. 6 Abs. 7), 16 (Zuständigkeit bei verfahrensfreien Bauvorhaben), 35 f. (beantragte Abweichungen im vereinfachten Baugenehmigungsverfahren), 109 (Kinderspielplatz), 134 (Technische Baubestimmungen)

Anlage
Art. 2 Abs. 1 Satz 4 fasst bauliche Anlagen sowie andere Anlagen und Einrichtungen im Sinn des Art. 1 Abs. 1 Satz 2 (= Anlagen und Einrichtungen, an die die BayBO oder Vorschriften aufgrund der BayBO Anforderungen stellen) unter dem Oberbegriff „Anlagen" zusammen. **17**

Anlage, fiktive
Neu in den Katalog der fiktiven baulichen Anlagen aufgenommen worden sind Freizeit- und Vergnügungsparks, um an sie selbst (und nicht nur die Anlagen auf ihnen) Anforderungen als Sonderbauten (Art. 2 Abs. 4 Nr. 14) stellen zu können (vgl. Art. 54 Abs. 3). **18**

Anzeigeverfahren → 60 (Beseitigung)

Arbeitsschutz → 33 f. (Baugenehmigungs- und vereinfachtes Baugenehmigungsverfahren)

Aufenthaltsraum
Für die Aufenthaltsräume in Wohngebäuden der Gebäudeklassen 1 und 2 werden Anforderungen an die Raumhöhe nicht mehr gestellt (Art. 45 Abs. 1 Satz 2). **19**

Besondere Anforderungen an Aufenthaltsräume und Wohnungen in Dach- und Kellergeschossen werden nicht mehr gestellt (bisher Art. 47 f. a. F.). **20**

→ 5 (Grenzgebäude), 20 (Dach- und Kellergeschoss), 88 (Gebäudeklassen), 99 (Hohlraum)

Auslage → 154 (Verfahrensfreiheit für Werbeanlagen)

Außenbereich → 72 f. (Verfahrensfreiheit von Mauern und Einfriedungen), 84 (Verfahrensfreiheit von Garagen), 87 (Verfahrensfreiheit von Gebäuden), 111 f. (Verfahrensfreiheit für Lager-, Abstell-, Ausstellungs- und Stellplätze), 114 (Verfahrensfreiheit von Nutzungsänderungen), 119 (Verfahrensfreiheit von Schwimmbecken), 155 (Verfahrensfreiheit von Werbeanlagen)

Außenwandverkleidung
21 Außenwandbekleidungen sind (auch vor Fertigstellung der Anlage) verfahrensfrei, mit Ausnahme (wegen der damit verbundenen Brandgefahr) bei Hochhäusern (Art. 57 Abs. 1 Nr. 10 Buchst. e).

Ausstellungsgelände → 113 (Verfahrensfreiheit von Anlagen)

Ausstellungsplatz → 111 (Verfahrensfreiheit)

Barrierefreiheit
22 Die Regelungen über das barrierefreie Bauen werden – mit Ausnahme der Aufzuganforderungen aus Art. 37 Abs. 4 – in Art. 48 zusammengefasst. Über die bisherige Fassung hinaus wird in Abs. 1 Satz 1 Halbsatz 2 klargestellt, dass die Anforderungen an die barrierefreie Erreichbarkeit dieselben sind wie in Abs. 4 Sätze 1 und 5. In Abs. 2 Satz 1 ist der Sprachgebrauch durch die Einfügung „in der allgemein üblichen Weise" an denjenigen des Art. 4 BayBGG angepasst, ohne dass sich daraus eine sachliche Änderung ergäbe.
→ 159 (Abstellraum für Mobilitätshilfe)

Bauantrag, unvollständiger
23 Bei mangelhaften Bauvorlagen sollte bisher lediglich die Bauaufsichtsbehörde sie unter genauer Bezeichnung der Mängel und Fehler unverzüglich (dem Bauherrn) zur Berichtigung zurückgeben (Art. 69 Abs. 3 a. F.). Weder sah das Gesetz eine Sanktion auf die Fehlerhaftigkeit der Bauvorlagen vor noch regelte es ausdrücklich die Möglichkeit eines Verfahrensabschlusses bei Untätigkeit des Bauherrn. Entsprechend der verstärkten Eigenverantwortung des Bauherrn hat nach Art. 65 Abs. 2 Satz 1 nunmehr die Bauaufsichtsbehörde – ist der Bauantrag unvollständig oder weist er

sonstige erhebliche Mängel auf – den Bauherrn zur Behebung der Mängel innerhalb einer angemessenen Frist aufzufordern (die sich an Art und Umfang des Mangels orientieren wird und selbstverständlich verlängert werden kann). Werden die Mängel innerhalb der Frist nicht behoben, tritt eine Rücknahmefiktion – mit entsprechender Kostenfolge – für den Bauherrn ein (Satz 2); es wird sich empfehlen, das Baugenehmigungsverfahren deklaratorisch einzustellen und zugleich über die (bisher angefallenen) Kosten (vgl. Art. 8 Abs. 2 und 3 Satz 1 KG) zu entscheiden. Ist die Rücknahmefiktion eingetreten, kann der Bauherr den Bauantrag nicht mehr nachbessern, sondern muss – durch Einreichung des Bauantrags bei der Gemeinde (Art. 64 Abs. 1 Satz 1) – ein neues Baugenehmigungsverfahren einleiten. Ist strittig, ob die Rücknahmefiktion eingetreten ist, dürfte eine – ggf. durch einen Antrag nach § 123 VwGO flankierte – allgemeine Leistungsklage auf Fortsetzung des Baugenehmigungsverfahrens das richtige Rechtsschutzmittel sein[21].

→ 35 (zu beantragende Abweichung im vereinfachten Baugenehmigungsverfahren)

Bauaufsichtsbehörden, Aufbau und Zuständigkeit

Art. 53 fasst nunmehr die Regelungen über den Aufbau und die Zuständig- **24** keiten der Bauaufsichtsbehörden einschließlich der Übertragung bauaufsichtlicher Aufgaben auf kreisangehörige Gemeinden („Delegationsgemeinden") zusammen. Erweitert wird die Übergangsregelung bei Zuständigkeitsübertragungen auf den Fall der Erhebung einer Gemeinde zur Großen Kreisstadt (Abs. 2 Satz 4 Halbsatz 2)[22].

Aufgelockert werden die Anforderungen an die Besetzung der Stelle des **25** leitenden bautechnischen Mitarbeiters der unteren Bauaufsichtsbehörden („Kreisbaumeister"). Anstelle von Beamten des höheren bautechnischen Verwaltungsdienstes können jetzt auch Beamte des gehobenen bautechnischen Verwaltungsdienstes beschäftigt werden, wenn sie über eine langjährige Berufserfahrung im Aufgabenbereich des leitenden bautechnischen Mitarbeiters der unteren Bauaufsichtsbehörde verfügen und sich in diesem Aufgabenbereich bewährt haben (Art. 53 Abs. 3 Satz 3 Halbsatz 1). Gedacht ist hier an langjährige Vertreter, die über einen längeren Zeitraum hinweg die Aufgaben des leitenden bautechnischen Mitarbeiters gleichwertig

---

21 *Jäde*, in: Jäde/Dirnberger/Böhme, Bauordnungsrecht Sachsen, § 69 RdNr. 70; a. A. *Kober*, in: Dammert/Kober/Rehak, Die neue Sächsische Bauordnung, 2. Aufl. 2005, § 69 RdNr. 18: Feststellungsklage (nach Durchführung des bei einem Feststellungsbegehren indessen gerade nicht statthaften, in Sachsen noch nicht abgeschafften Widerspruchsverfahrens).

22 Zur bisherigen Rechtslage *BayVGH*, Beschl. v. 6. 3. 2007 – 1 CS 06.2764 –, FStBay 2007/158.

wahrgenommen haben. Dabei muss es sich nicht um den Vertreter des bisherigen Stelleninhabers handeln, sondern es kann auch ein entsprechender Mitarbeiter einer anderen Bauaufsichtsbehörde sein, der gleichwertige Aufgaben wahrgenommen hat. Der bisherigen Ausnahmeentscheidung des Staatsministeriums des Innern (Art. 59 Abs. 4 Satz 3 a. F.) bedarf es nicht mehr; über die ordnungsgemäße Handhabung der Vorschrift durch die betroffenen unteren Bauaufsichtsbehörden wachen die Regierungen als höhere Bauaufsichtsbehörden.

26   Ferner können jetzt – was bisher ausschließlich bei „kleinen" Delegationsgemeinden, dort aber allgemein möglich war (Art. 59 Abs. 4 Satz 4 a. F. = Art. 53 Abs. 3 Satz 4) – allgemein in begründeten Ausnahmefällen, insbesondere, wenn geeignete Beamte des bautechnischen Verwaltungsdienstes nicht gewonnen werden können, auch vergleichbar qualifizierte Angestellte beschäftigt werden (Art. 53 Abs. 3 Satz 3 Halbsatz 2). Dabei können die Varianten nach Halbsatz 1 und Halbsatz 2 miteinander kombiniert werden; möglich ist also auch die Beschäftigung eines Angestellten mit einer derjenigen zum gehobenen bautechnischen Verwaltungsdienst entsprechenden Befähigung, wenn er über langjährige Vertretererfahrung verfügt. In die Entscheidung dürfen auch wirtschaftliche Aspekte einbezogen werden, etwa bei der Übernahme eines Beamten von einem anderen Dienstherrn oder der Verbeamtung eines bisher freiberuflich Tätigen anfallende Versorgungslasten.

Bauaufsichtsbehörden, Aufgaben und Befugnisse

27   Grundsätzlich unverändert bleibt die Beschreibung der bauaufsichtlichen Aufgabe, bei der Errichtung, Änderung, Nutzungsänderung und Beseitigung sowie bei der Nutzung und Instandhaltung von Anlagen darüber zu wachen, dass die öffentlich-rechtlichen Vorschriften und die aufgrund dieser Vorschriften erlassenen Anordnungen eingehalten werden, wird aber durch den neuen Vorbehalt, „soweit nicht andere Behörden zuständig sind", subsidiär ausgestaltet (Art. 54 Abs. 2 Satz 1). D. h., bereits die bauaufsichtliche Aufgabe ist nicht eröffnet, wenn eine andere, speziellere, fachgesetzliche Aufgabenzuweisung besteht[23]. Davon zu unterscheiden ist

---

23 So schon zur bisherigen Rechtslage *OVG Nordrhein-Westfalen*, Beschl. v. 31. 10. 1994 – 10 A 4048/92 –, NWVBl. 1995, 177 = BauR 1995, 372 = BRS 56 Nr. 198 (Vorrang des Abfallrechts, wenn der Schwerpunkt dort liegt); *BayVGH*, Urt. v. 31. 7. 1996 – 26 B 94.1802 (Vorrang des Art. 15 Abs. 3 DSchG bei baugenehmigungsfreien Maßnahmen); vgl. auch *HessVGH*, Beschl. v. 2. 8. 1995 – 4 TG 632/05 –, BRS 57 Nr. 254 (vorrangiger abfallrechtlicher Anlagenbegriff); a. A. aber die ganz überwiegende Meinung: *OVG Saarland*, Urt. v. 10. 2. 1989 – 2 R 193/86 –, BRS 49 Nr. 217; *HessVGH*, Beschl. v. 5. 12. 1994 – 4 TH 2165/94 –, DVBl. 1995, 524 = NuR

allerdings die Frage, ob der Pflichtige in seinen Rechten verletzt wird, wenn die handelnde Behörde einem Irrtum über die Ermächtigungsgrundlage unterliegt[24].

Die bestandsschutzdurchbrechende Befugnisnorm des Art. 54 Abs. 4 **28** Satz 1 berechtigt – anders als Art. 60 Abs. 5 a. F. – nicht mehr dazu, bei bestandsgeschützten Anlagen Anforderungen zum Schutz des Straßen-, Orts- oder Landschaftsbilds vor Verunstaltungen zu erlassen. Die bisherige Ermächtigung lief leer: Bestandsgeschützte bauliche Anlagen sind entweder genehmigt oder sie stimmen mit dem materiellen Recht überein (und verstoßen damit nicht gegen das Verunstaltungsverbot), das sich als Maßstab nicht verändert (hat). Verfallene oder verfallende bauliche Anlagen, an die der frühere Gesetzgeber wohl gedacht hat, genießen hingegen gerade keinen Bestandsschutz, sodass nach der allgemeinen bauaufsichtlichen Befugnisnorm des Art. 54 Abs. 2 Satz 2 vorgegangen werden kann.

→ 116 (Bauüberwachung)

Baubeginn
Die Voraussetzungen für den Baubeginn werden an die Neuregelung der **29** bautechnischen Nachweise in Art. 62 angepasst: Nach Art. 68 Abs. 5 darf mit der Bauausführung oder mit der Ausführung des jeweiligen Bauabschnitts erst begonnen werden, wenn die Baugenehmigung dem Bauherrn zugegangen ist (Nr. 1, bisher Art. 72 Abs. 3 a. F.), die Bescheinigungen nach Art. 62 Abs. 3 (Nr. 2) und die Baubeginnsanzeige (Nr. 3 i. V. m. Abs. 7) der Bauaufsichtsbehörde vorliegen. Auf diese Weise wird sichergestellt, dass – soweit die bautechnischen Nachweise nicht bauaufsichtlich, sondern durch Prüfsachverständige geprüft und bescheinigt werden –, mit dem Bau nicht vor dieser Prüfung oder ohne sie begonnen werden kann; in der Baubeginnsanzeige muss – soweit die bautechnischen Nachweise nicht geprüft werden – mit der Baubeginnsanzeige eine Erklärung des jeweiligen Nachweiserstellers nach Art. 62 Abs. 1 Satz 2, Abs. 2 vorgelegt werden, dass der jeweilige bautechnische Nachweis erstellt ist (§ 15 Abs. 1

1995, 296 = RdL 1995, 164 = BRS 57 Nr. 283 (Naturschutzrecht); v. 28. 10. 1997 – 4 UE 3676/95 –, BRS 59 Nr. 206 (Naturschutzrecht); *VGH Baden-Württemberg*, Urt. v. 24. 11. 1997 – 5 S 3409/95 –, NVwZ-RR 1998, 553 = BRS 59 Nr. 207 (Naturschutzrecht, jedenfalls bei unterschiedlicher Behördenzuständigkeit); *BayVGH*, Beschl. v. 5. 8. 1999 – 20 ZS 99.2245 (Naturschutzrecht); *HessVGH*, Beschl. v. 20. 12. 1999 – 4 TG 4637/98 –, DÖV 2000, 339 = BauR 2000, 555 = BRS 62 Nr. 204 (Naturschutzrecht); *OVG Mecklenburg-Vorpommern*, Beschl. v. 27. 2. 2003 – 3 M 35/02 –, LKV 2003, 477 = BauR 2003, 1557 (Waldrecht).

24 Dazu *Jäde*, in: Jäde/Dirnberger/Bauer/Weiß, Die neue BayBO, Art. 82 a. F. RdNr. 208c.

Satz 1 BauVorlV 2008[25]), ggf. die Erklärung des Tragwerksplaners nach Maßgabe des Kriterienkatalogs der Anlage 2 der BauVorlV 2008 (§ 15 Abs. 3 BauVorlV 2008). Ferner wird – abweichend von Art. 72 Abs. 7 a. F. – auch das Vorliegen der Baubeginnsanzeige bei der Bauaufsichtsbehörde als förmliche Voraussetzung für den Baubeginn ausgestaltet, allerdings nicht ihr rechtzeitiges Vorliegen, das aber bußgeldbewehrt ist (Art. 79 Abs. 1 Nr. 12).

Baueinstellung

30 Die Regelung über die Baueinstellung trägt nunmehr (Art. 75) die Überschrift „Einstellung von Arbeiten", um zu verdeutlichen, dass sie auch zur Einstellung von Arbeiten befugt, die keine Arbeiten an baulichen Anlagen sind, sondern an sonstigen Anlagen und Einrichtungen (Art. 1 Abs. 2 Satz 2) vorgenommen werden.

31   Die Regelung geht unverändert davon aus, dass für die Baueinstellung die formelle Rechtswidrigkeit der Bauausführung genügt[26]. Sie klärt jedoch näher die Frage, wann bei der Genehmigungsfreistellung (Art. 58) unterliegenden Bauvorhaben formelle Rechtswidrigkeit vorliegt, nämlich dahin, dass formelle Rechtswidrigkeit auch vorliegt, wenn bei der Ausführung eines genehmigungsfreigestellten Bauvorhabens von den eingereichten Unterlagen (und zwar unabhängig davon, in welcher Richtung) abgewichen wird (Art. 75 Abs. 1 Nr. 2 Buchst. b).

Baugenehmigung

32 Art. 68 regelt – wie bisher Art. 72 a. F. – Baugenehmigung und Baubeginn. Da nach der Änderung des § 17 UVPG durch das EAG Bau bei bauplanungsrechtlich relevanten Bauvorhaben die Umweltverträglichkeitsprüfung nicht mehr zwingend in der Bauleitplanung (und nur dort) abgearbeitet werden muss, sondern u. U. auch das Baugenehmigungsverfahren als Trägerverfahren der UVP in Betracht kommen kann, ist in Art. 68 Abs. 1 Satz 2 nunmehr (letztlich nur klarstellend) angefügt, dass die durch eine Umweltverträglichkeitsprüfung ermittelten, beschriebenen und bewerteten Umweltauswirkungen nach Maßgabe der hierfür geltenden Vorschriften zu berücksichtigen sind. Der Standort der Regelung ist bewusst an dieser Stelle (und nicht bei den speziellen Prüfprogrammen der Art. 59 Satz 1 und Art. 60 Satz 1) gewählt, um den rein verfahrensrechtlichen Charakter der UVP zu

---

25 Verordnung über Bauvorlagen und bauaufsichtliche Anzeigen (Bauvorlagenverordnung – BauVorlV).

26 Einhellige Meinung, vgl. die Nachweise bei *Jäde*, in: Jäde/Dirnberger/Bauer/Weiß, Die neue BayBO, Art. 81 a. F. RdNr. 1.

unterstreichen. Das Bauordnungsrecht regelt die Erforderlichkeit der UVP nicht selbst, sondern überlässt dies insbesondere dem UVPG; mit den „hierfür geltenden Vorschriften" sind zugleich die Regelungen des Abschnitts III des Fünften Teils des BayVwVfG angesprochen.

→ 124 (Sondernutzungserlaubnis)

Baugenehmigungsverfahren

Wenngleich nicht uneingeschränkt, so doch tendenziell entsprach das Prüf- **33** programm des Art. 72 Abs. 1 a. F. noch der überkommenen Konzeption der Baugenehmigung als einer umfassenden öffentlich-rechtlichen Unbedenklichkeitsbescheinigung. Mit Art. 60 Satz 1 wird sie zu einer – im Kern – baurechtlichen Genehmigung umgestaltet, die weitgehend derjenigen im bisherigen vereinfachten Baugenehmigungsverfahren nach Art. 73 Abs. 1 a. F. entspricht: Die planungsrechtliche Prüfung (Art. 60 Satz 1 Nr. 1, Art. 59 Satz 1 Nr. 1) und die Prüfung des „aufgedrängten" sonstigen öffentlichen Rechts (Art. 60 Satz 1 Nr. 3, Art. 59 Satz 1 Nr. 3) sind identisch. Über Art. 59 Satz 1 Nr. 2 hinausgehend erfasst das Prüfprogramm jedoch das gesamte Bauordnungsrecht (einschließlich der Rechtsverordnungen nach Art. 80 Abs. 1 und der örtlichen Bauvorschriften nach Art. 81 Abs. 1, weshalb sie im Prüfprogramm nicht ausdrücklich anzusprechen waren). Das ist sachgerecht, um – nicht nur über die Sonderbauverordnungen des Art. 81 Abs. 1, sondern auch über die einzelfallbezogene Vorschrift des Art. 54 Abs. 3 – die besonders sicherheitsrelevante bauordnungsrechtliche Problematik der Sonderbauten (Art. 2 Abs. 4) sachgerecht zu bewältigen, die unverändert dem Baugenehmigungsverfahren vorbehalten sind. Entfallen ist die in Art. 72 Abs. 1 Satz 3 vorgesehene Prüfung des baulichen Arbeitsschutzes in bestimmten Fällen. Diese wird dadurch ersetzt, dass der Bauherr in bestimmten, in § 2 Satz 3 BauVorlV 2008 bezeichneten Fällen einen weiteren Plansatz einzureichen hat, den die Bauaufsichtsbehörde an das Gewerbeaufsichtsamt bei der Regierung weitergibt, das – soweit es das für erforderlich hält – außerhalb des bauaufsichtlichen Verfahrensablaufs auf den Bauherrn zugehen kann.

→ 47 (bautechnische Nachweise)

Baugenehmigungsverfahren, vereinfachtes

Das vereinfachte Baugenehmigungsverfahren wird zu einem – im Kern – **34** planungsrechtlichen Genehmigungsverfahren umgestaltet. Geprüft werden nach Art. 59 Satz 1 lediglich noch die Übereinstimmung mit den Vorschriften über die Zulässigkeit der baulichen Anlagen nach den §§ 29 bis 38 BauGB und den Regelungen (nicht über Art. 81 Abs. 2 Satz 1, § 9 Abs. 4

BauGB in einen Bebauungsplan integrierter und deshalb nicht schon nach
§ 30 BauGB zu prüfender) örtlicher Bauvorschriften nach Art. 81 Abs. 1
(wie bisher Art. 73 Abs. 1 Nr. 1 a. F.), beantragte Abweichungen im Sinn
des Art. 63 Abs. 1 und Abs. 2 Satz 2 (also Abweichungen von örtlichen Bauvorschriften nach Art. 81 Abs. 1 und von nicht im Prüfprogramm enthalte-
nem sonstigem Bauordnungsrecht, Nr. 2) und – wie schon nach Art. 73
Abs. 1 Nr. 5 a. F. – andere öffentlich-rechtliche Anforderungen, soweit
wegen der Baugenehmigung eine Entscheidung nach anderen öffentlich-
rechtlichen Vorschriften entfällt, ersetzt oder eingeschlossen wird („auf-
gedrängtes" sonstiges öffentliches Recht, Nr. 3). Entfallen sind damit – abgesehen von den örtlichen Bauvorschriften nach Art. 81 Abs. 1 – alle
bauordnungsrechtlichen Elemente, die noch im Prüfprogramm enthalten
waren[27], ferner die Prüfung des baulichen Arbeitsschutzes in den in Art. 73
Abs. 1 Nr. 4 a. F. umschriebenen Fällen. Insoweit gilt dasselbe wie im Baugenehmigungsverfahren (→ 34).

35   Neu ist – im Vergleich zum bisherigen Prüfprogramm – das Kriterium der
beantragten Abweichungen in Art. 59 Satz 1 Nr. 3. Diese Ergänzung des
Prüfprogramms soll einerseits die – abgesehen von den örtlichen Bauvorschriften nach Art. 81 Abs. 1 – entfallene bauordnungsrechtliche Prüfung
kompensieren, andererseits aber durch die Beschränkung auf „beantragte"
Abweichungen verhindern, dass gleichsam durch die Hintertür der Abwei-
chungsprüfung das bewusst reduzierte Prüfprogramm auf das gesamte Bauordnungsrecht ausgeweitet wird. Sie korrespondiert dem neuen Erfordernis
des Art. 63 Abs. 2 Satz 1 Halbsatz 1, wonach die Zulassung von Abweichungen, Ausnahmen und Befreiungen schriftlich zu beantragen ist. Dieses
Antragserfordernis führt aber zugleich dazu, dass ein Bauantrag für ein von
nicht zu prüfenden bauordnungsrechtlichen Vorschriften abweichendes
Bauvorhaben dann, wenn die Abweichung nicht beantragt wird, im Sinn
des Art. 65 Abs. 2 Satz 1 unvollständig ist – ggf. mit der daran geknüpften
Sanktion des Art. 65 Abs. 2 Satz 2; damit dürfte die lebhafte Diskussion
über die Frage, ob bei Verstößen gegen Rechtsvorschriften außerhalb des
bauaufsichtlichen Prüfprogramms auch eine Versagung der Baugenehmigung wegen fehlenden Sachbescheidungsinteresses in Betracht kommen
kann[28], zumindest an Bedeutung verlieren.

---

27 Abstandsvorschriften der Art. 6 und 7 a. F. (Art. 73 Abs. 1 Nr. 1 a. F.), Baugestaltung nach
   Art. 11 a. F. (Nr. 2), Stellplatzanforderungen nach Art. 52 f. a. F. (Nr. 3).
28 Dazu zuletzt *BayVGH*, Urt. v. 23. 3. 2006 – 26 B 05.555 –, FStBay 2006/295 = BayVBl. 2006,
   537 m. abl. Anm. *Jäde*.

Andererseits schließt die Beschränkung des Prüfprogramms auf „bean- **36** tragte" Abweichungen nicht aus, dass die Abweichung auch ohne darauf gerichteten ausdrücklichen Antrag nach Art. 63 Abs. 2 Satz 1 Halbsatz 1 zugelassen werden kann. Zur Genehmigung gestellt wird vom Bauherrn ein konkretes Bauvorhaben in seiner konkreten Gestalt; entsprechend kann es die Bauaufsichtsbehörde auch gerade in dieser konkreten Gestalt (unter Zulassung einer Abweichung) genehmigen, ohne gegen das Antragserfordernis bei dem mitwirkungsbedürftigen Verwaltungsakt Baugenehmigung zu verstoßen; denn dem Bauherrn wird nichts aufgenötigt, was er nicht gewollt hätte. Zudem wäre ein Verstoß gegen das Antragserfordernis (Art. 45 Abs. 1 Nr. 1 BayVwVfG) konkludent (nach Art. 45 Abs. 2 BayVwVfG) dadurch geheilt, dass der Bauherr von der die Abweichung zulassenden Baugenehmigung Gebrauch machte. Das Antragserfordernis soll daher lediglich einen Rechtsanspruch des Bauherrn auf eine die nicht offen gelegten Abweichungen umfassende Prüfung (und damit auch eine Amtspflicht der Bauaufsichtsbehörde, nach solchen Abweichungen zu suchen) ausschließen. Alles dies gilt im Ergebnis erst recht, wenn zwar die Abweichung beantragt, der Antrag aber nicht nach Art. 63 Abs. 2 Satz 2 Halbsatz 2 begründet worden ist: Hält die Bauaufsichtsbehörde den Bauantrag einschließlich der Abweichung trotz fehlender Begründung für genehmigungsfähig, wäre es für alle Beteiligten wenig verfahrensökonomisch, nach Art. 65 Abs. 2 zu verfahren. Vielmehr soll das Antragserfordernis den Bauherrn (und seinen Entwurfsverfasser) dazu anhalten, sich Gedanken über die Erforderlichkeit der Abweichung zu machen und der Bauaufsichtsbehörde ihre Entscheidung zu seinen Gunsten dadurch zu erleichtern, dass er ihr seine Motive für die Nichteinhaltung der einschlägigen bauordnungsrechtlichen Anforderung darlegt. Insofern handelt es sich bei Art. 63 Abs. 2 Satz 1 Halbsatz 2 lediglich um eine Ordnungsvorschrift.

→ 3 (Abstandsflächen), 47 (bautechnische Nachweise)

Baugestaltung
Nach Art. 11 Abs. 1 a. F. waren bauliche Anlagen *nach den anerkannten* **37** *Regeln der Baukunst* durchzubilden und so zu gestalten, dass sie nach Form, Maßstab, Verhältnis der Baumasse und Bauteile zueinander, Werkstoff und Farbe nicht verunstaltend wirken. Neben dem Verunstaltungsverbot hatte das zusätzliche Kriterium der anerkannten Regeln der Baukunst in der bauaufsichtlichen Praxis – wenn überhaupt – kaum eine eigenständige Rolle gespielt. Das änderte sich, als der *Bayerische Verwaltungsgerichtshof*

ihm eine solche selbstständige Bedeutung zumaß[29]. In der daran anschließenden Diskussion stellte sich alsbald heraus, dass sich ein Kanon aner-
kannter Regeln der Baukunst in einer rechtsstaatlichen Bestimmtheitserfordernissen genügenden Weise nicht beschreiben lässt; zudem erschien
Skepsis dagegen angezeigt, die Bestimmung solcher Regeln letztlich in die
Hände der Verwaltungsgerichtsbarkeit zu legen und damit ein rechtliches
Spannungsfeld zu kreativer Architektur aufzubauen. Andererseits stieß die
ursprüngliche Absicht, die anerkannten Regeln der Baukunst gänzlich aus
dem Bauordnungsrecht zu entfernen[30], auf erhebliche Widerstände, die
sich aus der Besorgnis speisten, das Bauordnungsrecht wolle sich gänzlich
auf technische Rationalität und aus dem Anspruch auf – im architekto-
nisch-gestalterischen Sinn – qualitätvolles Bauen zurückziehen. Der zwischen beiden Anliegen gefundene Kompromiss führt zu einer Erweiterung
der materiellen bauordnungsrechtlichen Generalklausel in Art. 3 Abs. 1
Satz 1 dahin, dass nunmehr Anlagen *unter Berücksichtigung der Belange
der Baukultur, insbesondere der anerkannten Regeln der Baukunst* so anzuordnen, zu errichten, zu ändern und instand zu halten sind, dass die in der
Vorschrift genannten sicherheitsrechtlichen Schutzgüter nicht gefährdet
werden. Dabei handelt es sich aber lediglich um einen politischen Pro-
grammsatz des Gesetzgebers, allenfalls um eine Auslegungshilfe. Dies folgt
aus der – gegenüber Art. 60 Abs. 3 Satz 1 Halbsatz 1 a. F. sachlich unver-
änderten – Regelung des Art. 54 Abs. 3 Satz 1 Halbsatz 1, wonach, soweit
die Vorschriften des Zweiten und des Dritten Teils *mit Ausnahme der Art. 8
und 9* und die aufgrund der BayBO erlassenen Rechtsvorschriften nicht
ausreichen, um die Anforderungen nach Art. 3 zu erfüllen, im Einzelfall
weitergehende Anforderungen gestellt werden können, um erhebliche
Gefahren abzuwehren. Abgesehen von der Frage, ob gestalterische Fehl-
griffe unterhalb der Verunstaltungsschwelle überhaupt Gefahren im Sinn
des Sicherheitsrechts darstellen können, ist jedenfalls schon nach dem
Wortlaut dieser Regelung ein Rückgriff auf Art. 3 Abs. 1 Satz 1 über Art. 8
hinaus nicht möglich, der seinerseits – ohne inhaltlichen Substanzverlust –
redaktionell gestrafft worden ist.

---

29 *BayVGH,* Urt. v. 20. 7. 1999 – 2 B 98.1405 –, BayVBl. 2000, 690 gegen *Jäde,* in: Jäde/Dirnber-
   ger/Bauer/Weiß, Die neue BayBO, Art. 11 a. F. RdNrn. 14 f.; Nichtzulassungsbeschwerde
   zurückgewiesen durch *BVerwG,* Beschl. v. 6. 12. 1999 – 4 B 75.99 –, BayVBl. 2000, 698 =
   BauR 2000, 859 = UPR 2000, 346 = BRS 62 Nr. 131 = GewArch 2000, 296 = NuR 2000, 328 =
   ZfBR 2000, 279.
30 In diesem Sinn auch *Ortloff,* Baukunst – ein überflüssiger Rechtsbegriff?, in: Jacobs/Papier/
   Schuster (Hrsg.), Festschrift für Peter Raue zum 65. Geburtstag am 4. Februar 2006, 2006,
   S. 247.

Baudenkmal → 39 (Zuständigkeit für Zustimmung im Einzelfall).

Bauherr

Entfallen ist – ohne dass damit eine Rechtsänderung verbunden wäre – die **38**
Legaldefinition des Bauherrn (Art. 56 Abs. 1 Satz 1 a. F.). Klargestellt wird,
dass der Bauherr geeignete am Bau Beteiligte nach Art. 51 f. (Entwurfsverfasser, Unternehmer) nur bestellen muss, soweit er nicht selbst zur Erfüllung der Verpflichtungen nach diesen Vorschriften geeignet ist (Art. 50
Abs. 1 Satz 2); damit entfällt auch die bauaufsichtliche Ermessensentscheidung über den Verzicht auf die Bestellung eines Entwurfsverfassers nach
Art. 56 Abs. 4 a. F.

Baukultur → 37 (materielle bauordnungsrechtliche Generalklausel)

Baukunst → 37 (anerkannte Regeln)

Bauprodukt

Für die Zustimmung im Einzelfall ist die untere Bauaufsichtsbehörde bei **39**
Baudenkmälern (Art. 1 Abs. 2 DSchG) nur noch zuständig, soweit es sich
um denkmaltypische Bauprodukte, wie Putze, Mörtel und Stucke handelt
(Art. 18 Abs. 2). Bei Gebäuden in Ensembles (Art. 1 Abs. 3 DSchG), die
keine Baudenkmäler sind, besteht insoweit überhaupt keine Zuständigkeit
der unteren Bauaufsichtsbehörde mehr (vgl. bisher Art. 22 Abs. 2 a. F.).

Baustelleneinrichtung

Klargestellt wird in Art. 57 Abs. 1 Nr. 12 Buchst. a, dass sich die Verfahrens- **40**
freiheit für Baustelleneinrichtungen auch auf Lagerhallen, Schutzhallen
und Unterkünfte erstreckt.

Bautechnische Nachweise

Soweit bauaufsichtliche Prüfungen bautechnischer Anforderungen entfal- **41**
len, ist die BayBO a. F. von einem dreistufigen Kompensationssystem cha-
rakterisiert: Für einfachere und wenig problembehaftete Bauvorhaben
genügt – wie der Grundsatz des Art. 68 Abs. 7 Satz 1 a. F. zum Ausdruck
bringt – die Bauvorlageberechtigung für das jeweilige Bauvorhaben. Bei
sicherheitsrelevanteren Anforderungen werden an den Ersteller des bautechnischen Nachweises (Fachplaner) angehobene Qualifikationsanforderungen gestellt (Art. 68 Abs. 7 Sätze 2 und 3 a. F.). Nur dann, wenn auch
eine Zusatzqualifikation des Nachweiserstellers für einen hinreichenden
Ausschluss bautechnischer Risiken nicht genügt, wird der bautechnische
Nachweis dem „Vier-Augen-Prinzip" unterworfen, also entweder bauauf-

sichtlich geprüft oder durch einen verantwortlichen Sachverständigen im Bauwesen – künftig Prüfsachverständigen – bescheinigt (vgl. Art. 64 Abs. 5 Satz 2 a. F.). An diesem Ansatz hält Art. 62 fest, entfaltet ihn aber – neben einigen Präzisierungen und Profilschärfungen – mit einem deutlich stärkeren Bezug auf die jeweils bereichsspezifischen bautechnischen Anforderungen und ihren Schwierigkeitsgrad im konkreten Fall.

42 Dabei schreibt Art. 62 Abs. 1 Satz 1 Halbsatz 1 zunächst den allgemein geltenden Grundsatz ausdrücklich fest, dass die Einhaltung der Anforderungen an die Standsicherheit, den Brand-, den Schall-, den Wärme- und den Erschütterungsschutz nach näherer Maßgabe der BauVorlV 2008 (vgl. deren §§ 10 ff.) nachzuweisen ist. Ein förmlicher Nachweis der bautechnischen Anforderungen kommt freilich nur im Rahmen eines geregelten bauaufsichtlichen Verfahrensablaufs in Betracht. Art. 62 Abs. 1 Satz 1 Halbsatz 2 stellt deshalb klar, dass das Nachweiserfordernis – vorbehaltlich abweichender Regelung, wie sie für bestimmte Fälle der Beseitigung von Anlagen getroffen worden ist (Art. 57 Abs. 3 Sätze 3 ff.) – nicht für verfahrensfreie Bauvorhaben einschließlich der Beseitigung von Anlagen gilt. Insoweit ist der Bauherr selbst für die den bauordnungsrechtlichen Anforderungen genügende bautechnische Ausführung verantwortlich und bleibt ihm überlassen, wie er dies sicherstellt; das schließt indessen nicht aus, dass im – schwierigeren – Einzelfall dieser Verantwortlichkeit einmal auch nur dadurch sachgerecht nachgekommen werden kann, dass der Bauherr beispielsweise einen Standsicherheitsnachweis erstellt oder erstellen lässt.

43 Art. 62 Abs. 1 Satz 2 übernimmt den Grundsatz des Art. 68 Abs. 1 Satz 7 a. F., dass prinzipiell die Bauvorlageberechtigung die Berechtigung zur Erstellung der bautechnischen Nachweise einschließt. Sonderregelungen enthalten Art. 62 Abs. 2 f. lediglich für die Anforderungsfelder Standsicherheit und Brandschutz.

44 Art. 62 Abs. 2 regelt die zusätzlichen Qualifikationsanforderungen für Nachweisersteller im Wesentlichen unter Beibehaltung des bisherigen Niveaus[31]. Anders als bisher muss sich jedoch die dreijährige Berufserfahrung des Architekten und des Bauingenieurs, der in die Liste der zur Erstellung des Standsicherheitsnachweises Berechtigten eingetragen werden will, spezifisch auf die Tragwerksplanung beziehen (Satz 1 Halbsatz 1). Der für Bauvorhaben der Gebäudeklasse 4 (Art. 2 Abs. 3 Satz 1 Nr. 4) nachweisberechtigte Architekt oder Bauingenieur kann diese Nachweisberechtigung künftig nicht mehr (allein) durch Berufserfahrung erwerben, sondern nur noch durch Nachweis der erforderlichen Kenntnisse des Brandschutzes

---

31 Vgl. auch die Überleitungsvorschriften in Art. 83 Abs. 3 f.

(Art. 62 Abs. 2 Satz 3 Nr. 1); dieser Brandschutznachweis darf künftig auch von einem Prüfingenieur für Brandschutz, der nicht notwendigerweise Bauvorlageberechtigter sein muss (vgl. § 16 Nr. 1 PrüfVBau), erstellt werden (Nr. 2).

Art. 62 Abs. 3 regelt diejenigen Fälle, in denen die bautechnischen Nach- **45** weise zu prüfen sind. Dabei gestaltet sich die Abgrenzung der prüfpflichtigen von den nicht prüfpflichtigen Bauvorhaben hinsichtlich des Brandschutzes deshalb einfach, weil insoweit bereits das Bauordnungsrecht Vorhaben mit besonderer Schwierigkeit und besonderem Risikopotential beschreibt, nämlich nach Art. 62 Abs. 3 Satz 3 Nr. 1 die Sonderbauten (Art. 2 Abs. 4), nach Nr. 2 die Mittel- und Großgaragen nach § 1 Abs: 7 Satz 1 Nrn. 2 und 3 GaStellV[32] und nach Nr. 3 die Gebäude der Gebäudeklasse 5 (Art. 2 Abs. 3 Satz 1 Nr. 5). Demgegenüber lässt sich eine in gleicher Weise deskriptive Abgrenzung zwischen prüf- und nicht prüfpflichtigen Bauvorhaben hinsichtlich der Standsicherheit nicht leisten, weil sich die an der statisch-konstruktiven Schwierigkeit orientierten Bauwerksklassen, nach denen die Gebühren der Prüfingenieure und Prüfämter bzw. die Vergütung der Prüfsachverständigen gemessen werden[33], schwerlich in einer zugleich rechtsstaatlichen Bestimmtheitsanforderungen genügenden und für den Bauherrn unzweideutig ablesbaren Weise abstrakt-generell und ohne Einbeziehung ggf. einer Vielzahl von Umständen des konkreten Einzelfalls festlegen lassen. Deshalb unterscheiden Art. 62 Abs. 3 Sätze 1 und 2 zwischen generell prüfpflichtigen[34], generell nicht prüfpflichtigen[35] und Bauvorhaben, bei denen einzelfallbezogen festgestellt wird, ob ihr Standsicherheitsnachweis einer (bauaufsichtlichen oder durch Prüfsachverständigen vorzunehmenden) Prüfung bedarf[36]. Bei der letztgenannten

---

32 Verordnung über den Bau und Betrieb von Garagen sowie über die Zahl der notwendigen Stellplätze (GaStellV) vom 30. 11. 1993 (GVBl S. 910), zuletzt geändert durch § 4 der Verordnung zur Änderung der Zuständigkeitsverordnung im Bauwesen und Änderungsverordnungen.

33 Vgl. Anlage 2 zu § 29 Abs. 4 PrüfVBau.

34 Art. 62 Abs. 3 Satz 1 Nr. 1: Gebäude der Gebäudeklassen 4 und 5 (Art. 2 Abs. 3 Satz 1 Nrn. 4 und 5).

35 Art. 62 Abs. 3 Satz 2 Nr. 1: Wohngebäude der Gebäudeklassen 1 und 2 (Art. 2 Abs. 3 Satz 1 Nrn. 1 und 2); Nr. 2: nicht oder nur zum vorübergehenden Aufenthalt einzelner Personen bestimmte eingeschossige Gebäude mit freien Stützweiten von nicht mehr als 12 m und nicht mehr als 1600 m² Fläche, die bisher durch Art. 2 Abs. 4 Satz 1 Nr. 4, Art. 57 Abs. 3 a. F. von der Prüf- bzw. Bescheinigungspflicht ausgenommen wurden.

36 Art. 62 Abs. 3 Satz 1 Nr. 2 Buchst. a: Gebäude der Gebäudeklassen 1 bis 3 (Art. 2 Abs. 3 Satz 1 Nrn. 1 bis 3); Buchst. b: Behälter, Brücken, Stützmauern, Tribünen; Buchst. c: sonstige bauliche Anlagen, die keine Gebäude sind, mit einer Höhe von mehr als 10 m.

Fallgruppe beurteilt der Tragwerksplaner nach Abs. 2 Sätze 1 und 2 anhand des Kriterienkatalogs der Anlage 2 der BauVorlV 2008, ob das Bauvorhaben statisch-konstruktiv so einfach ist, dass es einer Prüfung des Standsicherheitsnachweises nicht bedarf oder es wegen seiner statisch-konstruktiven Schwierigkeit insoweit dem Vier-Augen-Prinzip unterworfen werden muss. Diese Bewertung hat der Tragwerksplaner allein zu verantworten; sie unterliegt keiner bauaufsichtlichen Nachprüfung.

46 Ob es sich bei dem Bauvorhaben um einen Sonderbau (Art. 2 Abs. 4) handelt oder nicht, ist nach alledem – weil der Sonderbautenbegriff sich grundsätzlich nicht an statisch-konstruktiven Kriterien orientiert – für die Erforderlichkeit der Standsicherheitsprüfung nicht mehr erheblich, sondern allein noch dafür, ob diese Prüfung von einem (nur privatrechtlich und allein im Verhältnis zum Bauherrn tätigen, vgl. Art. 80 Abs. 2 Satz 1 Nr. 2, § 2 Abs. 2 Satz 1 PrüfVBau) Prüfsachverständigen oder bauaufsichtlich vorgenommen wird (Art. 62 Abs. 3 Satz 1). Hinsichtlich des Brandschutzes verbleibt es bei der bisherigen Wahlmöglichkeit des Bauherrn zwischen bauaufsichtlicher Prüfung und Vorlage der Bescheinigung eines Prüfsachverständigen (Art. 63 Abs. 3 Satz 3), wobei allerdings die bisher zu den prüffreien Gebäuden mittlerer Höhe gehörenden Gebäude der Gebäudeklasse 5 (Art. 2 Abs. 3 Satz 1 Nr. 5) in die Prüfpflicht einbezogen werden. Gleich bleibt im Verhältnis zur früheren Rechtslage auch die mit der Sachverständigenbescheinigung verbundene „materielle Legalitätsfiktion"[37] (bisher Art. 69 Abs. 4, Art. 78 Abs. 2 a. F., nunmehr Art. 62 Abs. 4 Satz 1, Art. 63 Abs. 1 Satz 2, Art. 77 Abs. 2 Satz 3).

47 Soweit Art. 62 Abs. 3 eine bauaufsichtliche Prüfung vorschreibt oder nach Wahl des Bauherrn zulässt (der sich in letzterem Fall bei der Bauantragstellung gegenüber der Bauaufsichtsbehörde festlegen muss), ergänzt die bauaufsichtliche Prüfung des bautechnischen Nachweises das Prüfprogramm des jeweiligen Genehmigungsverfahrens nach Art. 59 Satz 1 oder Art. 60 Satz 1 um das jeweilige bautechnische Anforderungsfeld. Die Einhaltung der einschlägigen Anforderungen gehört damit ebenso zu den Genehmigungsvoraussetzungen. Unberührt davon bleibt, dass Art. 64 Abs. 2 Satz 2 nach wie vor gestattet, Bauvorlagen (einschließlich der bautechnischen Nachweise) nachzureichen, und dass eine Baugenehmigung z. B. auch unter der aufschiebenden Bedingung erteilt werden kann, dass

---

37 Krit. zu diesem Begriff *Molodovsky*, in: Koch/Molodovsky/Famers, BayBO, Art. 69 a. F. Erl. 7.3.1. Dem ist der unzweideutige Wortlaut der einschlägigen Vorschriften entgegen zu halten, der gerade auf die Fiktion der materiellen Rechtmäßigkeit und nicht auf diejenige einer (formellen) Gestattung zielt. Davon bleibt die andere Frage der Reichweite dieser Fiktion unberührt, die (wohl) nicht weiter sein kann als diejenige einer Baugenehmigung.

mit dem Bau erst begonnen werden darf, wenn der Standsicherheitsnachweis geprüft ist.

Dadurch, dass der Anwendungsbereich der Genehmigungsfreistellung **48** (Art. 58 Abs. 1 Satz 1) grundsätzlich bis zur Grenze der Sonderbauten (Art. 2 Abs. 4) ausgeweitet worden ist, kann der Fall eintreten, dass der Genehmigungsfreistellung unterfallende Bauvorhaben nach Art. 63 Abs. 3 Satz 3 hinsichtlich des Brandschutzes prüfpflichtig sind. Optiert in diesen Fällen der Bauherr für die bauaufsichtliche Prüfung, gehören zu den der Gemeinde vorzulegenden Unterlagen im Sinn des Art. 58 Abs. 3 Satz 1 Halbsatz 1, die von dieser an die Bauaufsichtsbehörde weiterzuleiten sind (Halbsatz 2) auch diejenigen, die den Brandschutznachweis enthalten. Die Bauaufsichtsbehörde prüft dann isoliert die Anforderungen des Brandschutzes, versieht – bei positiver Beurteilung – die einschlägigen Bauvorlagen mit einem entsprechenden Prüfvermerk und leitet sie dem Bauherrn wieder zu[38]. Der Sache nach handelt es sich dabei um eine auf die Brandschutzanforderungen beschränkte Baugenehmigung, die die Übereinstimmung mit den einschlägigen bauaufsichtlichen Anforderungen feststellt und in dieser Hinsicht den Bau freigibt. Als Verwaltungsakt kann der Prüfvermerk, der auch in die Form eines selbstständigen Bescheids gekleidet werden kann, nach den allgemeinen, in Art. 36 BayVwVfG enthaltenen Regeln auch mit Nebenbestimmungen versehen werden. Dem steht die Systematik der gerade nicht in eine Genehmigung oder eine genehmigungsartige Entscheidung mündenden Genehmigungsfreistellung nicht entgegen, weil nach Art. 58 Abs. 5 Satz 1 Art. 62 hiervon gerade unberührt bleibt.

→ 29 (Baubeginn), 50 (Bauüberwachung), 61 (Beseitigung)

Bauteil, untergeordneter → 3 (Abstandsflächen), 92 (Genehmigungsfreistellung)

Bauteile, tragende und nichttragende
Verfahrensfrei sind die tragenden und nichttragenden Bauteile nach Art. 57 **49** Abs. 1 Nr. 10 Buchst. a bis c auch vor Fertigstellung der Anlage.

Bauüberwachung
Die neue Regelung der bautechnischen Nachweise (Art. 62) wird bereits auf **50** der Ebene des Gesetzes enger als bisher mit den Vorschriften über die Bauüberwachung (Art. 77 f.) verknüpft. Dabei gilt der Grundsatz: „Wer prüft, überwacht" (Art. 72 Abs. 2 Satz 1). Bei Gebäuden der Gebäudeklasse 4, aus-

---

38 Zu den vom Bauherrn zu erhebenden Gebühren s. Tarif-Nrn. 2.I.1/1.24.1.2. 1.1, 1.24.5 KVz.

genommen Sonderbauten (Art. 2 Abs. 4) sowie Mittel- und Großgaragen (§ 1 Abs. 7 Satz 1 Nrn. 2 und 3 GaStellV), ist die mit dem Brandschutznachweis übereinstimmende Bauausführung von einem Brandschutzplaner (Art. 62 Abs. 2 Satz 3) zu bestätigen. Die bisher in Art. 57 Abs. 3 Satz 2 a. F. enthaltene Sonderregelung für die Standsicherheitsnachweise bei nicht oder nur zum vorübergehenden Aufenthalt einzelner Personen bestimmten eingeschossigen Gebäuden mit freien Stützweiten von nicht mehr als 12 m (vgl. im Einzelnen Art. 2 Abs. 4 Satz 1 Nr. 4 a. F.) ist nunmehr systemgerecht in Art. 77 Abs. 2 Satz 3 aufgegangen. Korrespondierend mit diesen Überwachungspflichten sieht Art. 78 Abs. 2 Satz 2 vor, dass mit der Anzeige der beabsichtigten Nutzungsaufnahme – soweit erforderlich – die Bescheinigungen von Prüfsachverständigen für Standsicherheit (Nr. 1) und für Brandschutz (Nr. 2) über die ordnungsgemäße Bauausführung bzw. die Bestätigung des Brandschutzplaners nach Art. 77 Abs. 2 Satz 2 vorzulegen sind.

Bauvorhaben

51   Die BayBO bedient sich nunmehr durchgängig des Begriffs „Bauvorhaben", um sich vom Vorhabensbegriff des § 29 Abs. 1 BauGB abzugrenzen.

Bauvorhaben, Bekanntgabe

52   Ersatzlos entfallen ist – weil es sich bei dieser Förderung der Werbewirtschaft um keine genuine bauaufsichtliche Aufgabe handelt – die bisher in Art. 84 a. F. geregelte Befugnis der Bauaufsichtsbehörden und der Gemeinden, Daten von Bauvorhaben zu veröffentlichen oder an Dritte weiterzugeben. Bauaufsichtsbehörden und Gemeinden sind hierzu nunmehr grundsätzlich nicht mehr befugt.

Bauvorlageberechtigung

53   Die Listenführungspflicht für bauvorlageberechtigte Bauingenieure (früher Art. 20a BayIKaBauG) ist jetzt in Art. 61 Abs. 2 Satz 1 Nr. 2 geregelt.

54   Neu bauvorlageberechtigt sind Ingenieure und Ingenieurinnen der Fachrichtung Innenausbau mit einer praktischen Tätigkeit in dieser Fachrichtung von mindestens zwei Jahren, für die Planung von Innenräumen und die damit verbundenen baulichen Änderungen von Gebäuden (Art. 61 Abs. 4 Nr. 5).
→ 41 (bautechnische Nachweise)

Bauvorschrift, örtliche → 11 (Abstandsflächen), 33 (Prüfprogramm des Baugenehmigungsverfahrens), 34 (Prüfprogramm des vereinfachten Bau-

genehmigungsverfahrens), 93 ff. (Genehmigungsfreistellung), 129, 131 f. (Stellplätze)

Behälter
Präzisiert worden ist (im Verhältnis zu Art. 63 Abs. 1 Satz 1 Nr. 5 Buchst. a **55** a. F.) die Verfahrensfreiheit für Gasbehälter: Verfahrensfrei sind jetzt ortsfeste Behälter für Flüssiggas mit einem Fassungsvermögen von weniger als 3 t, für nicht verflüssigte Gase mit einem Rauminhalt bis zu 6 m³ (Art. 57 Abs. 1 Nr. 5 Buchst. a).

Behelfsbauten
Verfahrensfrei sind jetzt auch Behelfsbauten, die der Landesverteidigung, **56** dem Katastrophenschutz oder der Unfallhilfe dienen (Art. 57 Abs. 1 Nr. 12 Buchst. d).

Begrünung
Art. 7 Abs. 1 verzichtet – abweichend von Art. 5 Abs. 1 Satz 1 a. F. – auf die **57** gartengestalterische Akzentsetzung und rückt den eigentlichen ökologischen Zweck der Vorschrift (Vermeidung der Versiegelung!) in den Vordergrund.

Beherbergungsstätte
Beherbergungsstätten mit mehr als zwölf Betten sind Sonderbauten (Art. 2 **58** Abs. 4 Nr. 8).

Beseitigung
Gegenüber dem früheren Rechtszustand (Art. 65 Abs. 3 a. F.) erweitert ist **59** die Verfahrensfreiheit für die Beseitigung (früher „Abbruch und Beseitigung") von Anlagen, die nunmehr für verfahrensfreie Anlagen (Art. 57 Abs. 5 Satz 1 Nr. 1), freistehende Gebäude der Gebäudeklassen 1 und 3 (Nr. 2 i. V. m. Art. 2 Abs. 3 Satz 1 Nrn. 1 und 3) und sonstige Anlagen gilt, die keine Gebäude sind, mit einer Höhe bis zu 10 m.

Soweit nicht Verfahrensfreiheit nach Art. 65 Abs. 3 a. F. vorlag, sah **60** Art. 65 Abs. 2 a. F. bisher für die Beseitigung baulicher Anlagen ein der Genehmigungsfreistellung nachgebildetes, Abs. 1 für Sonderbauten (Art. 2 Abs. 4 Satz 2 a. F.) ein Anzeigeverfahren vor. Diese – teilweise etwas unübersichtlichen – Regelungen ersetzt Art. 53 Abs. 4 Satz 2 durch ein – von den verfahrensfreien Fällen abgesehen – einheitliches Anzeigeverfahren, bei dem die beabsichtigte Beseitigung von Anlagen mindestens einen Monat zuvor (parallel) der Gemeinde und der Bauaufsichtsbehörde anzuzeigen ist, sodass für beide ausreichende Zeit zur Reaktion auf das Beseiti-

gungsvorhaben eingeräumt ist, für die Gemeinde etwa, einen Aufstellungs-
beschluss für eine Erhaltungssatzung (§ 172 Abs. 1 Satz 1 Nr. 3, Abs. 3
BauGB) zu fassen, der über § 172 Abs. 2 BauGB i. V. m. § 15 BauGB durch
vorläufige Untersagung nach § 15 Abs. 1 Satz 2 BauGB gesichert werden
kann. Die Anzeige hat rein informatorische Bedeutung; weder ergeben sich
für die Bauaufsichtsbehörde oder für die Gemeinde Prüfpflichten, noch
kann der Bauherr aus dem Ablauf der Monatsfrist Vertrauensschutz gegenüber etwa später ergriffenen bauaufsichtlichen Maßnahmen ableiten.

61 Art. 53 Abs. 4 Sätze 3 ff. regeln Anforderungen an die bautechnischen
Nachweise und ggf. deren Bestätigung durch Tragwerksplaner oder Prüfsachverständige bei angebauten Gebäuden oder wenn sich die Beseitigung
eines Gebäudes auf andere Weise auf die Standsicherheit anderer Gebäude
auswirken kann. Da die Regelung auf die Sicherung der Standsicherheit
von Nachbargebäuden zielt, gilt sie für aneinandergebaute Gebäude dieser
ratio legis gemäß nicht, wenn alle jeweils aneinandergebauten Gebäude
zugleich beseitigt werden sollen.

→ 42 (bautechnische Nachweise)

Bestandsschutz → 28 (bestandsschutzdurchbrechende bauaufsichtliche
Maßnahmen)

Beteiligung dritter Stellen

62 Art. 69 Abs. 1 Satz 1 Halbsatz 1 a. F. knüpfte die Beteiligung dritter Stellen
am Baugenehmigungsverfahren bisher daran, dass sie „Träger öffentlicher
Belange sind und deren Aufgabenbereich berührt wird". Demgegenüber
sieht Art. 65 Abs. 1 Satz 1 Halbsatz 1 eine Beteiligung dritter Stellen vor,
wenn deren Beteiligung oder Anhörung für die Entscheidung über den Bauantrag durch Rechtsvorschrift – sodass eine Verwaltungsvorschrift oder
eine innerbehördliche Anordnung nicht genügen – vorgeschrieben ist
(Nr. 1), oder ohne deren Stellungnahme die Genehmigungsfähigkeit des
Bauantrags nicht beurteilt werden kann (Nr. 2). Der Neufassung kommt
lediglich die Wirkung einer präzisierenden Klarstellung zu. Denn schon
bisher ergab sich aus dem verwaltungsverfahrensrechtlichen Beschleuni-
gungsgrundsatz (Art. 10 Satz 2 BayVwVfG), dass auch das Baugenehmigungsverfahren als Verwaltungsverfahren einfach, zweckmäßig und zügig
durchzuführen war. Das bedeutete und bedeutet vor allem eine strikte Ori-
entierung am Verfahrenszweck, nämlich an der Prüfung der Übereinstimmung des Bauvorhabens mit den jeweils im baurechtlichen Genehmigungsverfahren zu prüfenden öffentlich-rechtlichen Anforderungen und schloss
und schließt die nicht normativ vorgeschriebene Einschaltung dritter Stel-

len aus, die an dem Bauvorhaben ein Interesse haben mögen, aber nicht beteiligt werden müssen, weil andernfalls die Bauaufsichtsbehörde mangels hinreichender fachlicher Kompetenz die Genehmigungsfähigkeit des Bauvorhabens nicht hinreichend beurteilen kann. Daraus folgt zugleich, dass die Beteiligung einer Fachbehörde auch dann weder erforderlich noch zulässig ist, wenn die Bauaufsichtsbehörde selbst über die erforderliche Sachkunde verfügt, und sei es dadurch, dass sie von der Fachbehörde sachverständig gemacht worden ist (z. B. durch Sammelgutachten). Entfallen ist der – soweit ersichtlich praktisch wenig bedeutsam gewordene – bisherige Art. 69 Abs. 1 Satz 1 Halbsatz 2 a. F., wonach Träger öffentlicher Belange, die im Verfahren zur Aufstellung einer städtebaulichen Satzung beteiligt waren, nur noch dann gehört wurden, wenn und soweit sie dies in ihrer Stellungnahme ausdrücklich verlangt hatten.

Erhalten geblieben ist die mit einer Fiktionssanktion bewehrte Monats- **63** frist für die Erteilung der Zustimmung oder des Einvernehmens einer anderen Stelle (Art. 69 Abs. 1 Satz 4 Halbsatz 1 a. F., Art. 65 Abs. 1 Satz 2 Halbsatz 1), die sich aber nunmehr auch auf bundesrechtliche Einvernehmens- und Zustimmungsvorbehalte erstreckt, sofern nicht ausdrücklich Abweichendes bestimmt ist (Halbsatz 2). Entfallen ist das als Soll-Vorschrift ausgestaltete Begründungserfordernis des Art. 69 Abs. 4 Satz 4 Halbsatz 2 a. F., da die Verweigerung der Zustimmung oder des Einvernehmens ohnehin die Bauaufsichtsbehörde an der Erteilung der Baugenehmigung hindert.

Ebenfalls gilt nach wie vor eine Monatsfrist für die sonstigen zu betei- **64** ligenden dritten Stellen (Art. 69 Abs. 4 Satz 3 a. F., Art. 65 Abs. 4 Satz 3). Jedoch wird klarer herausgestellt, dass die Versäumung der Monatsfrist dann keine Konsequenzen für den weiteren Fortgang des Baugenehmigungsverfahrens hat, wenn die Bauaufsichtsbehörde – mangels eigener Fachkompetenz – ohne die verfristete Stellungnahme die Genehmigungsfähigkeit des Bauvorhabens nicht beurteilen kann. Da sie für die Rechtmäßigkeit der Baugenehmigung die rechtliche Außenverantwortung trägt, kann ihr nicht angesonnen werden, sich gleichsam mit bedingtem Vorsatz über das nicht zu ihrer Disposition stehende, fachbehördlich zu konkretisierende Recht hinwegzusetzen, auch wenn sie an eine fachbehördliche Stellungnahme außerhalb der Fälle der Einvernehmens- und Zustimmungspflicht nicht gebunden ist.

Neu eröffnet wird dem Bauherrn die Möglichkeit, die Beteiligung dritter **65** Stellen vor Einleitung des Baugenehmigungsverfahrens selbst „abzuschichten": Die Beteiligung oder Anhörung einer dritten Stelle entfällt, wenn sie dem Bauantrag bereits vor Einleitung des Baugenehmigungsverfahrens – d. h. vor Einreichung des Bauantrags bei der Gemeinde (Art. 64 Abs. 1

Satz 1) – zugestimmt hat. Nach Einleitung des Baugenehmigungsverfahrens soll – auch um die Entstehung divergierender Plansätze zu verhindern – die Beteiligung dritter Stellen ausschließlich durch die Bauaufsichtsbehörde erfolgen. Eine Form für die Zustimmung der dritten Stelle schreibt die Regelung nicht vor; mit Rücksicht auf das Schriftformerfordernis für den Bauantrag (Art. 64 Abs. 1 Satz 1) wird auch insoweit Schriftform zu fordern sein, und zwar zweckmäßigerweise in Gestalt eines Vermerks auf den einzureichenden Plansätzen, jedenfalls aber in einer Weise, die eine unzweideutige Zuordnung zu einer bestimmten Fassung der Eingabeplanung ermöglicht. Hat die dritte Stelle zugestimmt, kann sie sich – zieht man die neuere Rechtsprechung zur Nachbarzustimmung[39] entsprechend heran – davon nicht mehr lösen, sobald der Bauantrag mit dieser Zustimmung der Bauaufsichtsbehörde zugegangen ist.

Biogasanlage → 70 (Verfahrensfreiheit)

Biomasselager → 70 (Verfahrensfreiheit)

Bolzplatz → 126 (Verfahrensfreiheit)

Brandausbreitung

66 Brandausbreitung ist die Ausbreitung von Feuer und Rauch (Art. 12).

Brandschutz

67 Anders als die BayBO a. F. (vgl. z. B. Art. 68 Abs. 7 Satz 3) spricht das Gesetz nicht mehr von „vorbeugendem" (zur Unterscheidung von baulichem), sondern nur noch von Brandschutz. Damit gemeint ist – wie bisher mit dem „vorbeugenden" Brandschutz – der Brandschutz im Sinn des Art. 12 und der diesen näher konkretisierenden Vorschriften der Art. 24 ff. „Baulicher" Brandschutz bedeutet demgegenüber einen Lastfall im Rahmen der Standsicherheit und ist daher Art. 10 zuzuordnen.

68 Das neue Brandschutzkonzept der BayBO (Art. 24 ff.) löst sich von der bisherigen Konzeption des Brandschutzes, die im Wesentlichen an die Gebäudehöhe anknüpfte, zwischen Gebäuden geringer (Art. 2 Abs. 3 Satz 1 a. F.) und mittlerer Höhe (Art. 2 Abs. 3 Satz 2 a. F.) sowie Hochhäu-

---

39 *BayVGH (Großer Senat)*, Beschl. v. 3. 11. 2005 – 2 BV 04.1756, 1758, 1759 –, FStBay 2006/178 = BayVBl. 2006, 246 m. Anm. *Hablitzel*, BayVBl. 2006, 769 = UPR 2006, 239 = BRS 69 Nr. 154; krit. *Jäde*, Die Bindungswirkung der Nachbarzustimmung – eine unendliche Geschichte?, UPR 2005, 161.

sern (Art. 2 Abs. 3 Satz 1 a. F.) differenzierte und die Anforderungen an die Feuerwiderstandsfähigkeit der Baustoffe und Bauteile in Abhängigkeit von den Möglichkeiten der Personenrettung, insbesondere auch durch Rettungsgeräte der Feuerwehr abstufte. Das neue System der Gebäudeklassen bezieht in diese Risikobetrachtungen zusätzlich ein, dass der Grad der Schwierigkeit der Personenrettung (und damit derjenige der Gefährdung von Menschenleben) auch davon abhängt, wie viele Personen in welcher Zeiteinheit gerettet werden müssen. Häuser brennen regelmäßig nicht als Ganzes, vielmehr brennt es in Häusern und dort auch nicht notwendigerweise im ganzen Haus. Maßgeblich für die Möglichkeiten der Personenrettung sind daher – neben der Gebäudehöhe – auch die Zahl und die Größe brandschutztechnisch gegeneinander abgeschlossener Nutzungseinheiten. Dieser Ansatz schlägt sich in der Abfolge der fünf Gebäudeklassen in Art. 2 Abs. 3 Satz 1 nieder. Mit dieser weiter als bisher gehenden Ausdifferenzierung wird es zusätzlich möglich, auch die Anforderungen an die Feuerwiderstandsfähigkeit der Bauteile differenzierter auszugestalten. Nach dem bisherigen Recht wurde lediglich zwischen einer Feuerwiderstandsfähigkeit von 30 Minuten (feuerhemmend) und einer solchen von 90 Minuten (feuerbeständig) unterschieden. Nunmehr gibt es auch die Anforderung „hochfeuerhemmend" (60 Minuten), die in Art. 24 Abs. 2 Satz 3 Nr. 2, Satz 2 Nr. 3 näher beschrieben ist („Bauteile, deren tragende und aussteifende Teile aus brennbaren Baustoffen bestehen und die allseitig eine brandschutztechnisch wirksame Bekleidung aus nichtbrennbaren Baustoffen [Brandschutzbekleidung] und Dämmstoffe aus nichtbrennbaren Baustoffen haben"). Anwendungsbereich dieser neuen Anforderungskategorie soll vor allem die Gebäudeklasse 4 sein (Art. 2 Abs. 3 Satz 1 Nr. 4: „Gebäude mit einer Höhe bis zu 13 m und Nutzungseinheiten mit jeweils nicht mehr als 400 m²"). Damit wird die Anwendung der Holzbauweise bei Gebäuden mit bis zu fünf Geschossen ermöglicht, also deutlich über die bisherigen Gebäude geringer Höhe mit etwa drei Geschossen hinaus.

Brandschutznachweis → 42 ff. (bautechnische Nachweise), 48 (Prüfung bei Genehmigungsfreistellung), 50 (Bauüberwachung)

Brandschutzplaner → 44 (bautechnische Nachweise)

Büro
Gebäude mit Räumen, die einer Büro- oder Verwaltungsnutzung dienen **69** und einzeln mehr als 400 m² Fläche haben, sind Sonderbauten (Art. 2 Abs. 4 Nr. 5).

Dachgeschossausbau → 129 (Stellplätze)

Dachneigung → 10 (Abstandsfläche)

Delegationsgemeinde → 23 (Bauaufsichtsbehörde), 26 (personelle Besetzung)

Denkmal → 102 (Verfahrensfreiheit)

Dungstätte

70 Entfallen ist die Höhenbegrenzung von 3 m (Art. 63 Abs. 1 Satz 1 Nr. 5 Buchst. f a. F.) bei der Verfahrensfreiheit von Dungstätten, Fahrsilos, Kompost- und ähnlichen Anlagen. Ausgenommen sind jedoch nunmehr Biomasselager für Biogasanlagen.

Einfriedung

71 Entfallen ist die Regelung des Art. 9 a. F. über Einfriedungen.

72 Verfahrensfrei sind jetzt Mauern, einschließlich Stützmauern und Einfriedungen mit einer Höhe bis zu 2 m, außer im Außenbereich (Art. 57 Abs. 1 Nr. 6 Buchst. a). Damit ist die für die Verfahrensfreiheit maßgebliche Höhe von 1,80 m angehoben worden und die Höhenbeschränkung auf 1 m im Kreuzungs- oder Einmündungsbereich öffentlicher Verkehrsflächen auf 1 m (Art. 63 Abs. 1 Satz 1 Nr. 6 Buchst. a a. F.) entfallen.

73 Verfahrensfrei sind jetzt auch offene, sockellose Einfriedungen im Außenbereich, soweit sie dem Schutz landwirtschaftlicher Kulturen vor Schalenwild dienen (Art. 57 Abs. 1 Nr. 6 Buchst. b).

→ 6 (Abstandsfläche)

Einvernehmen, Ersetzung

74 In ihren Grundstrukturen unverändert geblieben, jedoch insbesondere durch Klarstellungen präzisiert worden ist die Regelung über die Ersetzung des gemeindlichen Einvernehmens (Art. 74 a. F., Art. 67)[40]. Zunächst hat

---

40 Aus der neueren Literatur zu dieser Vorschrift s. z. B. *Budroweit,* Kein gemeindliches Einvernehmen bei Identität von unterer Bauaufsichtsbehörde und Gemeinde, NVwZ 2005, 1013; *Dolderer,* Die Neuerungen des BauROG 1998 und die Amtshaftung der Gemeinde, BauR 2000, 491; *Enders/Pommer,* § 36 Abs. 2 Satz 3 BauGB verfassungswidrig? Zum Verhältnis der bundesrechtlichen und landesrechtlichen Ersetzungsregelung zum gemeindlichen Einvernehmen im Bauplanungsrecht, SächsVBl. 1999, 173; *Groß,* Das gemeindliche Einvernehmen nach § 36 BauGB als Instrument zur Durchsetzung der Planungshoheit, BauR 1999, 560; *Horn,* Das gemeindliche Einvernehmen unter städtebaulicher Aufsicht. Zur Debatte um die

der Gesetzgeber die Streitfrage, ob eine Ersetzung des gemeindlichen Einvernehmens bereits dann in Betracht kommt, wenn die Gemeinde zwar ermessensfehlerhaft, aber im Ergebnis vertretbar entschieden hat[41], oder ob erforderlich ist, dass dem Bauherrn ein Rechtsanspruch auf Erteilung der Genehmigung zusteht, dessen Realisierung allein noch das rechtswidrig verweigerte Einvernehmen der Gemeinde hindert[42], in Art. 67 Abs. 1 Satz 1 im letzteren Sinne entschieden, weil andernfalls in der Einvernehmensersetzung ein wenn nicht unzulässiger, so doch jedenfalls rechtspolitisch unerwünschter Eingriff in die planerische Gestaltungsfreiheit der Gemeinde läge. Zunehmend war zudem in Zweifel gezogen worden, dass das „kann" in Art. 74 Abs. 1 a. F. lediglich das kommunalrechtliche Opportunitätsprinzip wiederspiegelte und ein bloßes Dürfen bezeichnete[43]; vielmehr sollte darüber hinaus ein im Interesse des Bauherrn oder auch gegenüber der Gemeinde[44] bestehendes Ermessen eingeräumt sein, das gar mit einer entsprechenden Amtspflicht diesem gegenüber einhergehen sollte[45]. Damit würde dem Bauherrn neben der das Einvernehmen rechtswidrig verweigernden Gemeinde stets der Freistaat Bayern als weiterer Haftungspartner

---

Rechtsfolgen des § 36 Abs. 2 Satz 3 BauGB, NVwZ 2002, 406; *Jäde,* Aktuelle Probleme des gemeindlichen Einvernehmens, KommJur 2005, 325, 368; *Klinger,* Die Ersetzung des gemeindlichen Einvernehmens gemäß § 36 Abs. 2 Satz 3 BauGB, Art. 74 BayBO 1998 – Versuch einer Neubestimmung –, BayVBl. 2002, 481; *Möstl,* § 44 a VwGO und der Rechtsschutz gegen die Ersetzung des gemeindlichen Einvernehmens (§ 36 Abs. 2 Satz 3 BauGB i. V. m. Art. 74 BayBO), BayVBl. 2003, 225; *ders.,* Der Rückbau des § 36 BauGB schreitet voran. Vom absoluten Verfahrensrecht über die Ersetzbarkeit zur Entbehrlichkeit des gemeindlichen Einvernehmens, BayVBl. 2007, 129.

41 *Jachmann,* Die Ersetzung des gemeindlichen Einvernehmens gemäß Art. 81 BayBO n. F., BayVBl. 1995, 481; *Lasotta,* Das Einvernehmen der Gemeinde nach § 36 BauGB, S. 191.

42 *Groß* (o. Fußn. 40), BauR 1999, 560; *Jäde,* in: Jäde/Dirnberger/Bauer/Weiß, Die neue BayBO, Art. 74 RdNr. 94; *Weiß,* Freistellungsverfahren und Bauantrag in der bayerischen Gemeinde, S. 52 f.

43 So jedenfalls im Ergebnis *OVG Rheinland-Pfalz,* Beschl. v. 23. 9. 1998 – 1 B 11493/98 –, NVwZ-RR 2000, 85 = BRS 60 Nr. 91; *Horn* (o. Fußn. 40), NVwZ 2002, 416; *Söfker,* in: Ernst/Zinkahn/Bielenberg/Krautzberger, BauGB, § 36 RdNr. 41; *Weiß* (o. Fußn. 42), S. 51.

44 *OVG Niedersachsen,* Beschl. v. 30. 11. 2004 – 1 ME 190/04 –, BauR 2005, 679 = NuR 2005, 601 = BRS 67 Nr. 115; dagegen zutreffend *BayVGH,* Beschl. v. 13. 2. 2006 – 15 CS 05.3346 –, FStBay 2006/261 = BayVBl. 2006, 605 = ZfBR 2006, 648 = BauR 2006, 2022.

45 *BayObLG,* Urt. v. 19. 2. 2001 – 5 Z RR 3/00 –, BayObLGZ 2001, 28 = BayVBl. 2001, 504; *Dippel,* in: *Gronemeyer* (Hrsg.), BauGB-Praxiskommentar, 1999, § 36 RdNr. 17; *Dolderer* (o. Fußn. 40), BauR 2000, 498 f.; *Dürr,* in: Kohlhammer-Kommentar zum BauGB, § 36 RdNrn. 53 f. für den Fall der Ermessensreduzierung auf Null; *Groß* (o. Fußn. 40), BauR 1999, 570; *Jachmann* (o. Fußn. 41), a. a. O.; *Lasotta* (o. Fußn. 41), S. 207 f.; noch weitergehend *Klinger* (o. Fußn. 40), BayVBl. 2002, 483 f., der von einer rechtlich gebundenen Entscheidung und damit einem Ersetzungsanspruch des Bauherrn ausgeht, ohne die Fälle der gemeindlichen Ermessensentscheidung näher zu würdigen.

angeboten, und zwar unabhängig davon, ob und in welchem Umfang er sich mit der rechtswidrigen Entscheidung der Gemeinde identifiziert[46]. Art. 67 Abs. 1 Satz 2 soll demgegenüber klarstellen, dass ein Anspruch auf Ersetzung des gemeindlichen Einvernehmens (und damit auch ein Anspruch auf ermessensfehlerfreie Entscheidung darüber) nicht besteht.

75 Art. 74 Abs. 5 a. F., wonach, war die Gemeinde zugleich Genehmigungsbehörde, die Regelungen über die Ersetzung des Einvernehmens entsprechend für das Widerspruchsverfahren galten, ist einmal durch die Aufgabe der Rechtsprechung, wonach der Gemeinde, die zugleich Genehmigungsbehörde ist, gegenüber der Widerspruchsbehörde eine „einvernehmensartige" Stellung zukam[47], zum anderen durch die Abschaffung des Widerspruchsverfahrens gegenstandslos geworden.
  → 8 (Einvernehmen bei Abweichung von Satzung nach Art. 6 Abs. 7)

Ensemble → 39 (Zuständigkeit für Zustimmung im Einzelfall)

Entwurfsverfasser → 38 (Bestellung)

Erhaltungssatzung → 60 (Beseitigung)

Erschließung

76 Nach Art. 4 Abs. 2 sind nunmehr abweichend von Abs. 1 Nr. 2 im Geltungsbereich eines qualifizierten oder vorhabenbezogenen Bebauungsplans (§§ 12, 30 Abs. 1 und 2 BauGB) und innerhalb im Zusammenhang bebauter Ortsteile (§ 34 BauGB) nicht erforderlich die Befahrbarkeit von Wohnwegen begrenzter Länge, wenn keine Bedenken wegen des Brandschutzes oder des Rettungsdienstes bestehen, (Nr. 1) und die Widmung von Wohnwegen begrenzter Länge, wenn von dem Wohnweg nur Wohngebäude der Gebäudeklassen 1 und 2 erschlossen werden und gegenüber dem Rechtsträger der Bauaufsichtsbehörde rechtlich gesichert ist, dass der Wohnweg sachgerecht unterhalten wird und allgemein benutzt werden kann. Anders als bei Art. 4 Abs. 2 a. F. ist die Erleichterung unmittelbar gesetzesabhängig und eine bauaufsichtliche Abweichungsentscheidung nicht mehr erforderlich.
  → 92 (Genehmigungsfreistellung)

---

46 S. statt aller zu der einschlägigen ständigen und gefestigten Rechtsprechung des *BGH Jäde,* in: Jäde/Dirnberger/Weiß, BauGB, BauNVO, 5. Aufl. 2007, § 36 BauGB RdNrn. 82 f.

47 *BVerwG,* Urt. v. 19. 8. 2004 – 4 C 16.03 –, ZfBR 2004, 805 = NVwZ 2005, 83 = BauR 2005, 361 = DVBl. 2005, 192 = UPR 2005, 71 = BRS 67 Nr. 177.

Ersetzung, Einvernehmen → 74 f.

Fachplaner
In dem Art. 57 Abs. 2 a. F. entsprechenden Art. 51 Abs. 2 wird der Aus-   **77**
druck „Sachverständiger" durch „Fachplaner" ersetzt, um Verwechslungen
mit den Prüfsachverständigen im Sinn des Art. 62 Abs. 3 zu vermeiden,
ebenso in dem Art. 67 Abs. 4 Satz 2 a. F. entsprechenden Art. 64 Abs. 4
Satz 2.
→ 41 (bautechnische Nachweise)

Fahrgastunterstand
Entfallen ist die bisherige Flächenobergrenze von 20 m² (Art. 63 Abs. 1   **78**
Satz 1 Nr. 1 Buchst. e a. F.) für die Verfahrensfreiheit von Fahrgastunterstän-
den (Art. 57 Abs. 1 Nr. 1 Buchst. e).

Fahrrad → 159 (Abstellraum)

Fahrradabstellanlage
Neu ist die Verfahrensfreiheit für Fahrradabstellanlagen mit einer Fläche   **79**
bis zu 30 m² (Art. 57 Abs. 1 Nr. 14 Buchst. a).

Fahrsilo → 70 (Verfahrensfreiheit)

Feldkreuz → 102 (Verfahrensfreiheit)

Fenster
Verfahrensfrei sind Fenster und Türen und die dafür bestimmten Öffnun-   **80**
gen, auch vor Fertigstellung der Anlage, jetzt auch (abweichend von Art. 63
Abs. 1 Satz 1 Nr. 10 Buchst. c) dann, wenn das Gebäude (auch) gewerblichen Zwecken dient (Art. 57 Abs. 1 Nr. 10 Buchst. d).

Fläche
Spricht die BayBO von Flächen, ist – soweit nichts anderes geregelt ist – die   **81**
Brutto-Grundfläche (nach DIN 277) gemeint (Art. 2 Abs. 6).

Flächen, nicht überbaute der bebauten Grundstücke → 57 (Begrünung)

Fliegender Bau → 113, 146 (Verfahrensfreiheit)

Flutlichtmast

82 Verfahrensfrei sind jetzt auch Flutlichtmasten mit einer Höhe bis zu 10 m (Art. 57 Abs. 1 Nr. 4 Buchst. e).

freiberuflich → 94 (Genehmigungsfreistellung)

Freischankfläche

83 Neu ist auch die Verfahrensfreiheit für Freischankflächen bis zu 40 m² einschließlich der damit verbundenen Nutzungsänderung einer Gaststätte[48] oder einer Verkaufsstelle des Lebensmittelhandwerks (Art. 57 Abs. 1 Nr. 13 Buchst. d). Die – erst im Zuge der Landtagsberatungen auf die Verkaufsstellen des Lebensmittelhandwerks erweiterte[49] – Regelung gilt unabhängig davon, ob die Freischankfläche auf privatem oder auf öffentlichem (Verkehrs-)Grund liegt. Verkaufsstellen des Lebensmittelhandwerks sind z. B. Bäckereien und Metzgereien, nicht aber sonstige Einzelhandelsgeschäfte, auch wenn sie u. a. mit Back-, Fleisch- und Wurstwaren handeln.

Freisportanlage → 148 (Versammlungsstätte)

freistehend → 1 (Abgasanlagen), 90 (Gebäudeklassen)

Freizeit- und Vergnügungspark → 18 (Sonderbau)

Friedhof → 102 (Verfahrensfreiheit)

Garage

84 Verfahrensfrei sind Garagen einschließlich überdachter Stellplätze im Sinn des Art. 6 Abs. 9 Satz 1 Nr. 1 – also abstandsflächenrechtlich zulässige Grenzgaragen – mit einer Fläche bis zu 50 m², außer im Außenbereich (Art. 57 Abs. 1 Nr. 1 Buchst. b). Die gegenüber der früheren Rechtslage (Art. 63 Abs. 1 Satz 1 Nr. 1 Buchst. b a. F.) aufgenommene Flächenbegrenzung übernimmt lediglich diejenige aus Art. 7 Abs. 4 Satz 1 Halbsatz 1 a. F., ohne dass sich insoweit eine Rechtsänderung ergäbe.

---

48 Zur Genehmigungsbedürftigkeit nach bisherigem Recht s. *BayVGH*, Urt. v. 27. 7. 2005 – 25 BV 03.73 –, FStBay 2006/87 = BayVBl. 2006, 668 = ZfBR 2005, 801 = BauR 2005, 1886 = KommJur 2006, 306 = UPR 2005, 453 = NVwZ-RR 2006, 312 = BRS 69 Nr. 90.

49 Antrag des Abgeordneten Traublinger (CSU), LT-Drs. 15/8321 v. 13. 6. 2007.

Garten

Verfahrensfrei sind jetzt auch Anlagen, die der Gartennutzung, der Garten- **85** gestaltung oder der zweckentsprechenden Einrichtung von Gärten dienen, ausgenommen Gebäude und Einfriedungen (Art. 57 Abs. 1 Nr. 9 Buchst. e).

Gaststätte

Gaststätten mit mehr als 40 Gastplätzen sind Sonderbauten (Art. 2 Abs. 4 **86** Nr. 8).

→ 83 (Verfahrensfreiheit für Freischankfläche)

Gebäude

Verfahrensfrei sind Gebäude mit einem umbauten Raum bis zu 75 m³, außer **87** im Außenbereich (Art. 57 Abs. 1 Nr. 1 Buchst. a); ob sie eine Feuerungs- anlage haben (Art. 63 Abs. 1 Satz 1 Nr. 1 Buchst. a a. F.), ist für die Verfah- rensfreiheit nicht mehr erheblich.

→ 126 (Verfahrensfreiheit)

Gebäude, angebaute → 61 (Beseitigung), 90 (Gebäudeklassen)

Gebäudeklassen

Zentrales Gliederungsinstrument der Bauvorhaben war – neben der fort- **88** bestehenden Unterscheidung zwischen Standard- und Sonderbauten (Art. 2 Abs. 4 Satz 1 a. F., Art. 2 Abs. 4) – die Unterscheidung zwischen Gebäuden geringer (Art. 2 Abs. 3 Satz 1 a. F.) und mittlerer (Satz 2) Höhe sowie Hochhäusern (Art. 2 Abs. 4 Satz 1 a. F.). Insbesondere im Hinblick auf das neue Brandschutzkonzept, aber auch eine Vielzahl anderer mate- riell-rechtlicher Anforderungen wird diese Unterscheidung nunmehr in dem neuen System der Gebäudeklassen differenzierter, nämlich in Kom- bination der Gebäudehöhe mit der Zahl und der Größe der Nutzungseinhei- ten ausgeformt. Dabei entsprechen den bisherigen Gebäuden geringer Höhe die Gebäudeklassen 1 bis 3 (Art. 2 Abs. 3 Satz 1 Nr. 1 bis 3), während die Gebäude mittlerer Höhe teils – nämlich mit einer Höhe bis zu 13 m und Nutzungseinheiten mit jeweils nicht mehr als 400 m² – in die neue Gebäu- deklasse 4 (Art. 2 Abs. 3 Satz 1 Nr. 4), teils in die „Auffanggebäudeklasse" 5 (Nr. 5) fallen, die alle nicht zu den übrigen Gebäudeklassen gehörenden Gebäude – einschließlich unterirdischer Gebäude – umfasst. Dabei bleibt es bei einer Grenzziehung zwischen den Gebäudeklassen 1 bis 3 einerseits, den übrigen Gebäudeklassen andererseits bei einer Höhe der Fußboden- oberkante des höchstgelegenen Geschosses, in dem ein Aufenthaltsraum möglich ist, von 7 m (Art. 2 Abs. 3 Satz 1 a. F., Art. 2 Abs. 3 Satz 2); jedoch wird nicht mehr auf die „ungünstigste" Stelle abgestellt, sondern auf die gemittelte Höhe über der Geländeoberfläche. Klargestellt wird, dass Flächen in Kellergeschossen nicht in Ansatz zu bringen sind (Art. 2 Abs. 3 Satz 3). Gemittelt wird nach derselben Methode wie bei Art. 2 Abs. 7 Satz 1 Halbsatz 1 bzw. Art. 2 Abs. 5 Satz 2 a. F.

89   Die BayBO bezieht sich durchgängig bei der Benutzung des Begriffs „Höhe" nur noch allgemein auf die Geländeoberfläche, bedient sich aber nicht mehr des Begriffs „natürlicher" oder „festgelegter" Geländeoberfläche, eine Unterscheidung, die nicht frei von erheblichen Rechtsunsicherheiten war[50]. Daher ist von Fall zu Fall zu ermitteln, von welcher Geländeoberfläche auszugehen ist. Bei der für die Einstufung in die Gebäudeklassen maßgeblichen Höhe handelt es sich um diejenige über dem nach Fertigstellung des Bauvorhabens vorhandenen Gelände. Geringfügige Einschnitte – wie etwa Kellertreppen – bleiben dabei außer Betracht.

90   Die Gebäudeklassen sind aus Brandschutzerwägungen entwickelt worden. Daraus folgt, dass untergeordnete Anbauten, an die keine Anforderungen hinsichtlich der Feuerwiderstandsfähigkeit gestellt werden, auf die Einordnung eines Gebäudes in die Gebäudeklassen keinen Einfluss haben. Wird also beispielsweise eine Kleingarage (§ 1 Abs. 8 Satz 1 Nr. 1 GaStellV) als (überdies nach Art. 57 Abs. 1 Nr. 1 Buchst. b verfahrensfreie) Grenzgarage (Art. 6 Abs. 9 Satz 1 Nr. 1) an ein Gebäude der Gebäudeklasse 1 (Art. 2 Abs. 3 Satz 1 Nr. 1) angebaut, verliert dieses dadurch nicht die Eigenschaft als Gebäude dieser Gebäudeklasse, weil es nicht mehr (im Sinn des Buchst. a) freistehend wäre, und ist nicht etwa in die Gebäudeklasse 2 (Art. 2 Abs. 3 Satz 1 Nr. 2) einzuordnen[51]. „Freistehend" in diesem Sinn ist ein Gebäude dann, wenn es nicht angebaut ist. Hinsichtlich der insoweit erforderlichen Entfernung zum nächsten Gebäude wird (wohl) auf die Einhaltung der Regelabstandsflächentiefe abzustellen sein. Der an sich – wegen des Brandschutzbezugs des Gebäudeklassensystems nicht fern liegende – Gedanke, es müsste mindestens der Brandwandabstand von 5 m (Art. 28 Abs. 2 Nr. 1) eingehalten sein, überzeugt demgegenüber

50 Vgl. etwa *OVG Rheinland-Pfalz*, Urt. v. 28. 9. 2005 – 8 A 10424/05 –, ZfBR 2006, 266.

51 Ebenso Nr. 2.3.1 der Verwaltungsvorschrift des Sächsischen Staatsministeriums des Innern zur Sächsischen Bauordnung (VwVSächsBO) vom 18. 3. 2005 (SächsABl. SDr. S. 57, ber. SächsABl. S. 363), abgedruckt bei *Jäde/Dirnberger/Böhme* (o. Fußn. 21), Anhang A II; a. A. Nr. 2.3.3 der Bekanntmachung des Ministeriums für Bau und Verkehr zum Vollzug der Thüringer Bauordnung (VollzBekThürBO) vom 13. 7. 2004 (ThürStAnz. S. 1971, Az. 50a-4102.20), abgedruckt bei *Jäde/Dirnberger/Michel*, Bauordnungsrecht Thüringen, Anhang A II.

weniger, weil sich dieser Abstand durch Ausbildung der jeweiligen Außenwand als Brandwand beliebig weiter verringern ließe.

Mit dem neuen System der Gebäudeklassen sind auch die in der Praxis **91** nach dem bisherigen Recht gelegentlich aufgetretenen Zuordnungsschwierigkeiten bei Tiefgaragen beseitigt: Tiefgaragen teilen die Gebäudeklasse des Gebäudes, dem sie baulich zugeordnet sind; selbstständige Tiefgaragen sind Gebäude der Gebäudeklasse 5 (Art. 2 Abs. 3 Satz 1 Nr. 5). Von der Eigenschaft eines Gebäudes als Sonderbau (Art. 2 Abs. 4) ist die Gebäudeklassifizierung gänzlich unabhängig; Sonderbauten können grundsätzlich Gebäude aller fünf Gebäudeklassen sein.

→ 45 (Prüfung Brandschutznachweis), 50 (Bauüberwachung), 68 (Brandschutz)

Geländeoberfläche → 89 (Gebäudehöhe)

Genehmigungsfreistellung
Strukturell unverändert geblieben ist die bisher in Art. 64 a. F., nunmehr in **92** Art. 58 geregelte, 1994 eingeführte Genehmigungsfreistellung[52]: Sie greift immer dann, wenn das Bauvorhaben im Geltungsbereich eines qualifizierten (§ 30 Abs. 1 BauGB) oder eines vorhabenbezogenen Bebauungsplans (§§ 12, 30 Abs. 2 BauGB) liegt (Art. 58 Abs. 2 Nr. 1), es den Festsetzungen des Bebauungsplans und den Regelungen örtlicher Bauvorschriften im Sinn des Art. 81 Abs. 1 – die örtlichen Bauvorschriften nach Art. 81 Abs. 2 gehören schon wegen § 9 Abs. 4 BauGB zu den Festsetzungen des Bebauungsplans – nicht widerspricht (Nr. 2), die Erschließung im Sinn des BauGB gesichert ist (Nr. 3) und die Gemeinde nicht innerhalb der Monatsfrist (Art. 58 Abs. 3 Satz 3) erklärt, dass das vereinfachte Baugenehmigungsverfahren durchgeführt werden soll oder eine vorläufige Untersagung nach § 15 Abs. 1 Satz 2 BauGB beantragt (Nr. 4)[53]. Eine mittelbare geringfügige Veränderung ergibt sich durch die geänderte Bemessung der in den Abstandsflächen zulässigen untergeordneten Bauteile (Art. 6 Abs. 3 Satz 7, Art. 6 Abs. 8), wenn man – richtiger Ansicht nach[54] – davon ausgeht, dass

---

52 Im Rahmen der Genehmigungsfreistellung sind seit Mitte 1994 bis einschließlich Juli 2007 137192 Wohngebäude genehmigungsfrei gebaut worden; das sind 31,65 % des gesamten bayerischen Wohnungsbauaufkommens.

53 Zu den unterschiedlichen Regelungen der Genehmigungsfreistellung in der MBO und in den Ländern *Jäde*, in: Hoppenberg/de Witt (Hrsg.), Handbuch des öffentlichen Baurechts, Teil A I a.

54 *Dirnberger*, in: Jäde/Dirnberger/Bauer/Weiß, Die neue BayBO, Art. 64 a. F. RdNr. 75; *Heintz*, in: Gädtke/Temme/Heintz, BauO NRW, 10. Aufl. 2003, § 67 RdNrn. 16 f.; Nr. 62.2.2 VwVSächsBO; a. A. *Taft*, in. Simon/Busse, BayBO, Art. 64 RdNr. 10; *Molodovsky* (o. Fußn. 37), Art. 64

in der Reichweite der nicht einvernehmenspflichtigen „Bandbreite" des § 23 Abs. 2 Satz 2, Abs. 3 Satz 2 BauNVO noch plankonformes Bauen vorliegt und dasjenige, was im Sinn dieser Regelungen geringfügig ist, in Anlehnung an die genannten bauordnungsrechtlichen Maßstäbe bestimmt werden kann[55].

93 Erweitert worden ist jedoch der gegenständliche Anwendungsbereich, der nunmehr – unter den beschriebenen Voraussetzungen – bis zur Sonderbautengrenze (Art. 2 Abs. 4) reicht (Art. 58 Abs. 1 Satz 1). Den Befürchtungen namentlich der Gemeinden, mit den dadurch in den Anwendungsbereich der Genehmigungsfreistellung einbezogenen kleinen bis mittleren handwerklichen und gewerblichen Bauvorhaben könnten unter bestimmten Umständen erhebliche, im Rahmen der Genehmigungsfreistellung nicht sachgerecht auszutragende Nutzungskonflikte entstehen, hat der Gesetzgeber dadurch Rechnung getragen, dass Art. 58 Abs. 1 Satz 2 die Gemeinden ermächtigt, durch örtliche Bauvorschrift im Sinn des Art. 81 Abs. 2 die Anwendung der Genehmigungsfreistellung auf bestimmte handwerkliche und gewerbliche Bauvorhaben auszuschließen. Da sich die Ermächtigung nur auf Art. 81 *Abs. 2* bezieht, kann die örtliche Bauvorschrift allein als über § 9 Abs. 4 BauGB in den Bebauungsplan aufzunehmende Festsetzung erlassen werden. Die Gemeinde kann daher auch keine gleichsam flächendeckende Regelung für alle qualifizierten und vorhabenbezogenen Bebauungspläne in ihrem Gemeindegebiet treffen, sondern muss jeden Bebauungsplan gesondert ändern, auch wenn sie eine gemeindeweite Ausschlussregelung treffen will. Dies empfiehlt sich auch deshalb, weil zwar – da die örtliche Bauvorschrift lediglich einen verfahrensrechtlichen Inhalt hat – trotz der Verweisung in Art. 81 Abs. 2 Satz 2 das Abwägungsgebot des § 1 Abs. 7 BauGB nicht anzuwenden ist, jedoch die allgemein dem Ermessen des Satzungsgebers gezogenen Grenzen zu beachten sind, etwa diejenige der Erforderlichkeit der Regelung, an der es beispielsweise fehlen würde, wenn die Gemeinde die Anwendung der Genehmigungsfreistellung für handwerkliche und gewerbliche Bauvorhaben in einem reinen Wohngebiet

---

Erl. 3.3.2; *Schwarzer/König,* BayBO, 3. Aufl. 2000, Art. 64 RdNr. 14, der aber eine Herbeiführung der Plankonformität durch ein isoliertes Abweichungsverfahren für möglich hält; *Schmaltz,* in: Große-Suchsdorf/Lindorf/Schmaltz/Wiechert, NBauO, 7. Aufl. 2002, § 69 a RdNr. 10; *Simon,* Die neue BayBO aus der Sicht der Praxis, BayVBl. 1994, 332/336; *Stollmann,* Der Entwurf einer neuen Bauordnung für NRW, NWVBl. 1995, 41/42; *Erbguth/Stollmann,* Das bauordnungsrechtliche Genehmigungsfreistellungsverfahren, BayVBl. 1996, 65/67; offen gelassen von *OVG Nordrhein-Westfalen,* Beschl. v. 8. 12. 1998 – 10 B 2255/98 –, NWVBl. 1999, 266 = BauR 1999, 628 = BRS 60 Nr. 208.

55 So auch *VGH Baden-Württemberg,* Urt. v. 1. 2. 1999 – 5 S 2507/96 –, BRS 62 Nr. 97.

ausschlösse, in dem diese ohnehin allenfalls ausnahmsweise (§ 3 Abs. 3 Nr. 1 BauNVO) zulässig sind und damit schon von vornherein nicht in den Anwendungsbereich der Genehmigungsfreistellung fallen. Nicht gehindert ist die Gemeinde hingegen daran, innerhalb des Geltungsbereichs eines Bebauungsplans oder auch innerhalb eines Baugebiets differenzierende Regelungen zu treffen. Wegen des ausschließlich verfahrensrechtlichen Inhalts lässt die örtliche Bauvorschrift auch die Ausschlusskriterien des § 13 Abs. 1 BauGB unberührt, sodass sie unbedenklich im vereinfachten Verfahren nach näherer Maßgabe des § 13 Abs. 2 f. BauGB erlassen werden kann.

Die Ermächtigung erlaubt der Gemeinde den Ausschluss *bestimmter* **94** handwerklicher und gewerblicher Bauvorhaben von der Genehmigungsfreistellung. Damit ist nur gemeint, dass die Gemeinde die ausgeschlossenen Bauvorhaben in einer rechtsstaatlichen Bestimmtheitserfordernissen genügenden Weise zu bezeichnen hat; ausschließen kann sie aber auch alle handwerklichen und gewerblichen Bauvorhaben, und zwar auch unabhängig davon, ob diese bereits nach Art. 64 Abs. 1 Satz 1 Nrn. 2 und 3 a. F. der Genehmigungsfreistellung unterlagen. Bei der Auslegung der Begriffe „handwerklich" und „gewerblich" muss aber der dargestellte entstehungsgeschichtliche Hintergrund der Regelung bedacht werden. Es kommt daher nicht darauf an, ob ein Bauvorhaben im Sinn des Handwerks- oder des Gewerberechts als handwerklich oder gewerblich einzustufen ist, sondern ob es das für die Vorschrift ausschlaggebende Störpotential aufweist. So werden einerseits nicht als gewerblich die wohnartigen Nutzungen des § 13 BauNVO anzusehen sein. Andererseits wird aus dem Begriff des Gewerbes im Sinn des Art. 58 Abs. 1 Satz 2 nicht die Urproduktion ausscheiden mit der Folge, dass die Genehmigungsfreistellung auch für landwirtschaftliche Betriebsgebäude wird ausgeschlossen werden können.

Die Ermächtigung für diese Satzungen ist bereits zum 1. 9. 2007 in Kraft **95** getreten (§ 4 Abs. 2 Nr. 2 des Gesetzes zur Änderung der Bayerischen Bauordnung und Änderungsgesetz vom 24. 7. 2007, GVBl S. 499). Sie dürfen folglich bereits vor dem 1.1.2008 erlassen, aber nicht vor diesem Zeitpunkt in Kraft gesetzt werden, weil erst dann diejenigen Rechtsvorschriften in Kraft treten, auf die sie sich beziehen.

Hat der Bauherr die Genehmigungsfreistellung durchlaufen, ist und bleibt **96** er – auch mit Blick auf etwaige Rechtsänderungen, etwa der bauplanungsrechtlichen Situation – dafür verantwortlich, dass sein Bauvorhaben mit den materiell-rechtlichen Vorgaben übereinstimmt; die Durchführung der Genehmigungsfreistellung durchbricht also nicht – anders etwa als eine Baugenehmigung – beispielsweise eine spätere Änderung des Bebauungsplans, sodass unter diesem Aspekt unbedenklich war, dass das geltende Recht keine zeitliche Begrenzung der Wirksamkeit der Genehmigungsfreistellung enthielt. Dieser Schutz der gemeindlichen Planungshoheit war aber insofern unvollständig, als das genehmigungsfrei gestellte Bauvorhaben nur einmal seine „Anstoßwirkung" auf die Gemeinde ausüben konnte – anders als bei einer Baugenehmigung, bei deren Verlängerung eine erneute Beteiligung der Gemeinde geboten ist. Deshalb schreibt nunmehr Art. 58 Abs. 3 Satz 5 vor, dass der Bauherr, will er mit der Ausführung des Bauvorhabens mehr als vier Jahre (entsprechend der Geltungsdauer einer Baugenehmigung, Art. 69 Abs. 1 Halbsatz 1), nachdem die Bauausführung nach Art. 58 Abs. 3 Sätze 3 und 4 – also nach Ablauf der Monatsfrist oder nach Zugang der Mitteilung, dass kein Genehmigungsverfahren durchgeführt werden soll und die Gemeinde eine Untersagung nach § 15 Abs. 1 Satz 2 BauGB nicht beantragen wird – zulässig geworden ist, erneut die Genehmigungsfreistellung einzuleiten hat.

97   Nach Art. 83 Abs. 2 ist Art. 64 a. F. auf Bauvorhaben anzuwenden, für die der Bauherr die erforderlichen Unterlagen bis zum 31. 12. 2007 bei der Gemeinde eingereicht hat. Das bedeutet insbesondere, dass solche Bauvorhaben nach dem Anwendungsbereich des Art. 64 a. F. zu beurteilen sind, auf sie eine Satzung nach Art. 58 Abs. 1 Satz 2 nicht anzuwenden ist und für sie die „Geltungsdauer" der Genehmigungsfreistellung nach Art. 58 Abs. 3 Satz 5 nicht eingreift.

→ 31 (Baueinstellung), 48 (Prüfung bautechnischer Nachweise), 141 (Übergang in die Genehmigungsfreistellung bei anhängigem Bauantrag)

Geschoss

98 Geschosse sind oberirdische Geschosse, wenn ihre Deckenoberkanten im Mittel mehr als 1,40 m über die Geländeoberfläche hinausragen (Art. 2 Abs. 7 Satz 1 Halbsatz 1).

99   Klargestellt wird, dass Hohlräume zwischen der obersten Decke und der Bedachung, in denen Aufenthaltsräume nicht möglich sind, keine Geschosse sind (Art. 2 Abs. 7 Satz 2).

100   Art. 2 Abs. 7 enthält lediglich noch eine Definition von (oberirdischen und Keller-)Geschossen, aber keine Begriffsbestimmung mehr für das Vollgeschoss (wie zuvor Art. 2 Abs. 5 a. F.). Diese Legaldefinition ist entfallen, da die BayBO – ebenso wie die MBO 2002 und die daran anschließenden anderen neueren Länderbauordnungen – keine an die Zahl der Vollgeschosse anknüpfenden Anforderungen enthält, der Vollgeschossbegriff also nur noch bauplanungsrechtliche Bedeutung hat und deshalb auch in § 20 BauNVO bundesrechtlich (einheitlich) geregelt werden sollte; gleichwohl verweist § 20 Abs. 1 BauNVO unverändert auf das Landesrecht. Um sich aus einer solchen Lücke ergebende Vollzugsschwierigkeiten zu vermeiden, erklärt Art. 83 Abs. 7 den bisherigen Vollgeschossbegriff des Art. 2 Abs. 5 a. F. für weiterhin maßgeblich.

Gewächshaus

Art. 57 Abs. 1 Nr. 1 Buchst. d präzisiert zunächst die Verfahrensfreiheit von **101** Gewächshäusern dahin, dass sie einem land- oder forstwirtschaftlichen Betrieb oder einem Betrieb der gartenbaulichen Erzeugung im Sinn der § 35 Abs. 1 Nrn. 1 und 2, § 201 BauGB dienen müssen. Die für die Verfahrensfreiheit maßgebliche Firsthöhe wird gegenüber Art. 63 Abs. 1 Satz 1 Nr. 1 Buchst. d a. F. von 4 auf 5 m angehoben. Zugleich wird jedoch eine Flächenobergrenze von 1600 m^2 eingeführt. Dadurch soll der Wertungswiderspruch eines verfahrensfreien Sonderbaus (vgl. Art. 2 Abs. 4 Nr. 3) vermieden werden. Überdies entstünde oberhalb dieser Grenze ohnehin nur eine scheinbare Verfahrensfreiheit, weil Brandschutzanforderungen nicht eingehalten werden (können), Abweichungen (Art. 63 Abs. 1 Satz 1 Halbsatz 1) und damit bauaufsichtliche Verfahren erforderlich sind.

Gewerbe → 80 (Verfahrensfreiheit), 93 f. (Genehmigungsfreistellung)

Giebelfläche → 10 (Abstandsfläche)

Grabdenkmal

Grabdenkmale auf Friedhöfen, Feldkreuze, Denkmäler und sonstige Kunst- **102** werke sind jetzt jeweils mit einer Höhe bis zu 4 m verfahrensfrei (Art. 57 Abs. 1 Nr. 14 Buchst. d).

Grenzbebauung → 4 ff.

Grenzgarage → 5 (Abstandsfläche)

Große Kreisstadt → 24 (Übergangsvorschrift)

Großgarage → 45 (Prüfung Brandschutznachweis), 50 (Bauüberwachung), 123 (kein Sonderbau)

Handwerk → 93 f. (Genehmigungsfreistellung)

Haustechnik

103 Die BayBO bedient sich jetzt der aktuelleren Bezeichnung „Technische Gebäudeausrüstung" (Art. 37 ff.).

hochfeuerhemmend → 68 (Brandschutz)

Hochhaus

104 Die Definition des Hochhauses findet sich jetzt sachlich unverändert im Sonderbautenkatalog (Art. 2 Abs. 4 Nr. 1).
→ 21 (Außenwandbekleidung), 88 (Gliederung der Bauvorhaben)

Höhe → 88 f. (Gebäudeklassen)

Höhenlage

105 Die Regelung über die Festlegung der Höhenlage des Grundstücks und der baulichen Anlagen in Art. 10 a. F. ist ersatzlos entfallen. Die Regelung, die keine Entsprechung in der MBO oder in einem anderen Land hatte, hat in der Praxis eher mehr Schwierigkeiten aufgeworfen als Nutzen gebracht, weil sie häufig – sachwidrig – als Instrument zur Manipulation der Abstandsflächen benutzt wurde.

106 Danach ist die Höhenlage – sei es des Grundstücks, sei es der baulichen Anlagen – abweichend von der bisher in der Rechtsprechung vertretenen Auffassung[56] diejenige Höhenlage, die sich aus den Bauvorlagen ergibt, die Gegenstand eines Baugenehmigungsverfahrens oder einer Genehmigungsfreistellung geworden sind. Das ist zugleich die Höhenlage im Sinn des Art. 68 Abs. 6 Satz 1, der seinerseits nur eine Überprüfung auf Übereinstimmung mit den einschlägigen Bauvorlagen, nicht aber eine „gestaltende" Festlegung der Höhenlage erlaubt.
→ 88 f. (Gebäudeklassen)

Hohlraum → 99 (Geschoss)

Holzbauweise → 68 (Brandschutzkonzept)

Katastrophenschutz → 56 (Verfahrensfreiheit für Behelfsbauten)

---

56 *BayVGH*, Beschl. v. 30. 4. 2007 – 1 CS 06.3335.

Kellergeschoss

Kellergeschosse sind alle Geschosse, die keine oberirdischen Geschosse **107** sind (Art. 2 Abs. 7 Satz 1 Halbsatz 2).

→ 100 (Geschoss)

Kinderspielplatz

Nach Art. 7 Abs. 2 Satz 2 entfällt die Errichtungspflicht für Kinderspiel- **108** plätze jetzt auch, wenn in unmittelbarer Nähe eine Gemeinschaftsanlage oder ein sonstiger für die Kinder nutzbarer Spielplatz geschaffen wird oder vorhanden ist.

Die Regelung über die Ablösung von Kinderspielplätzen (Art. 8 Abs. 2 **109** Sätze 2 ff. a. F.) ist entfallen. Gleichwohl kommt beispielsweise in Betracht, die Zulassung einer Abweichung (Art. 63 Abs. 1 Satz 1 Halbsatz 1) von der Kinderspielplatzpflicht davon abhängig zu machen, dass der Bauherr (anteilig) Kosten für die Errichtung und/oder Unterhaltung eines in angemessener Entfernung liegenden Kinderspielplatzes übernimmt.

Nach Art. 7 Abs. 2 Satz 1 notwendige Kinderspielplätze sind verfahrens- **110** frei (Art. 57 Abs. 1 Nr. 13 Buchst. c). Das gilt auch für nachträglich nach Art. 7 Abs. 2 Satz 3 geforderte Kinderspielplätze.

Kinderwagen → 159 (Abstellraum)

Kleingarage → 90 (Anbau und Gebäudeklasse)

Kompostanlage → 70 (Verfahrensfreiheit)

Kreisbaumeister → 25 f. (Anforderungen)

Kriterienkatalog → 29 (Baubeginn), 45 (bautechnische Nachweise, Tragwerksplaner)

Kunstwerk → 102 (Verfahrensfreiheit)

Lagerhalle → 40 (verfahrensfreie Baustelleneinrichtung)

Lagerplatz

Präzisiert worden sind im Verhältnis zu Art. 63 Abs. 1 Satz 1 Nr. 13 **111** Buchst. a a. F. die Zwecke, die für die Verfahrensfreiheit von Lager-, Abstell- und Ausstellungsplätzen erforderlich sind: Sie müssen einem land- oder forstwirtschaftlichen Betrieb oder einem Betrieb der gartenbaulichen Erzeugung im Sinn der § 35 Abs. 1 Nrn. 1 und 2, § 201 BauGB dienen (Art. 57 Abs. 1 Nr. 13 Buchst. a).

112   Nicht überdachte Stellplätze und sonstige Lager- und Abstellplätze mit einer Fläche bis zu 300 m, außer im Außenbereich, sind jetzt einschließlich ihrer Zufahrten verfahrensfrei (Art. 57 Abs. 1 Nr. 13 Buchst. b).

Landesverteidigung → 56 (Verfahrensfreiheit für Behelfsbauten)

Landwirtschaft → 72 f. (Einfriedungen), 94 (Genehmigungsfreistellung), 111 (Verfahrensfreiheit für Lager-, Abstell- und Ausstellungsplätze), 155 (Verfahrensfreiheit für Werbeanlagen)

Legalitätsfiktion, materielle → 46 (Bescheinigung des Prüfsachverständigen)

Lehrpfad → 126 (Verfahrensfreiheit)

Markt → 146 (Verfahrensfreiheit)

Mauer → 72 (Verfahrensfreiheit)

Messegelände
113   Präzisiert wird Art. 63 Abs. 1 Satz 1 Nr. 12 Buchst. b a. F. dahin, dass bauliche Anlagen, die für höchstens drei Monate auf genehmigtem Messe- und Ausstellungsgelände errichtet werden, verfahrensfrei sind, ausgenommen fliegende Bauten (Art. 57 Abs. 1 Nr. 12 Buchst. d).

Mittelgarage → 45 (Prüfung Brandschutznachweis), 50 (Bauüberwachung)

Mobilitätshilfe → 159 (Abstellraum)

Nachbarschutz → 13 f. (Abstandsfläche bei Satzung nach Art. 6 Abs. 7), 162 (nachbarschützende Vorschriften im Zustimmungsverfahren)

Nebengebäude → 5 (Abstandsfläche)

Nordwohnung → 158

Nutzungsänderung

Verfahrensfrei ist die Nutzungsänderung von Anlagen, wenn für die neue **114** Nutzung keine anderen öffentlich-rechtlichen Anforderungen in Betracht kommen als für die bisherige Nutzung (Art. 57 Abs. 4 Nr. 1). Im Vergleich zu Art. 63 Abs. 4 Nr. 1 a. F. sind als überflüssig entfallen – ohne dass damit eine Rechtsänderung verbunden wäre – die Herausnahme des Außenbereichs aus der Verfahrensfreiheit (weil eine bauplanungsrechtlich relevante Nutzungsänderung im Außenbereich stets zur Möglichkeit anderer öffentlich-rechtlicher Anforderungen und damit in die Genehmigungsbedürftigkeit führt) und die Hervorhebung der bauplanungsrechtlichen Anforderungen, die nur solange zur Vermeidung von Zirkelschlüssen nötig war, wie die Anwendbarkeit der Vorschriften über die bauplanungsrechtliche Zulässigkeit von Bauvorhaben nach der früheren Fassung des § 29 Abs. 1 BauGB von deren Genehmigungs-, Zustimmungs- oder Anzeigebedürftigkeit abhing[57].

→ 83 (Verfahrensfreiheit für Nutzungsänderung bei Freischankfläche), 129 (Stellplätze)

Nutzungsaufnahme, Anzeige der beabsichtigten → 50 (Bauüberwachung)

Nutzungseinheit

Der Begriff der Nutzungseinheit ist – neben der Gebäudehöhe – wesentli- **115** ches Kriterium für die Zuordnung zu den Gebäudeklassen (Art. 2 Abs. 3 Satz 1) und für die Erforderlichkeit von Rettungswegen, wenn sie mindestens einen Aufenthaltsraum haben (Art. 31 Abs. 1 Halbsatz 1). Nutzungseinheit ist eine in sich abgeschlossene Folge von Aufenthaltsräumen, die einer Person oder einem gemeinschaftlichen Personenkreis zur Benutzung zur Verfügung stehen[58]; sie kann aber auch aus einem einzigen Raum bestehen. Art. 31 Abs. 1 Halbsatz 1 nennt als Beispiele für Nutzungseinheiten Wohnungen, Praxen und selbstständige Betriebsstätten.

→ 68 (Brandschutz), 88 (Gebäudeklassen), 157 (Abgeschlossenheit)

Prüfamt → 116 (Bauüberwachung)

---

57 So *BVerwG*, Urt. v. 8. 10. 1998 – 4 C 6.97 –, BVerwGE 107, 264 = BauR 1999, 159 = BBB 6/1999, 72 = BRS 60 Nr. 95 = DÖV 1999, 701 = DVBl. 1999, 241 = NVwZ 1999, 297 = UPR 1999, 109; krit. *Jäde*, „Wyhl", die Begünstigung von Bauvorhaben im Außenbereich und das Bundesverwaltungsgericht, UPR 1999, 298.
58 *Allgeier*, in: Weiß/Allgeier/Jasch/Skoruppa, Das Baurecht in Hessen, § 2 HBO Erl. 2.3.

Prüfingenieur → 116 (Bauüberwachung)

Prüfsachverständiger → 41, 46 (bautechnische Nachweise), 61 (Beseitigung)

Reitweg → 126 (Verfahrensfreiheit)

Rettungsweg → 115 (Nutzungseinheit)

Rohbaufertigstellungsanzeige

116 Entfallen ist die bisher außer für Vorhaben geringer Schwierigkeit (Art. 2 Abs. 4 Satz 1 a. F.) vorgesehene obligatorische Rohbaufertigstellungsanzeige (Art. 78 Abs. 3 Satz 1 a. F.). Vielmehr räumt Art. 78 Abs. 1 Satz 1 – je nach Prüfzuständigkeit – der Bauaufsichtsbehörde, dem Prüfingenieur, dem Prüfamt oder dem Prüfsachverständigen die Befugnis ein zu verlangen, dass ihr oder ihm Beginn und Beendigung bestimmter Bauarbeiten angezeigt werden. Die Bauarbeiten dürfen erst fortgesetzt werden, wenn die Bauaufsichtsbehörde, das Prüfamt oder der Prüfsachverständige der Fortführung der Bauarbeiten zugestimmt haben (Satz 2). Damit wird eine flexible, den Besonderheiten des jeweiligen Bauvorhabens angepasste Bauüberwachung ohne schematische Formalismen ermöglicht.

Rücknahmefiktion → 23

Rutschbahn

117 Neben Sprungschanzen und Sprungtürmen sind jetzt auch Rutschbahnen mit einer Höhe bis zu 10 m verfahrensfrei (Art. 57 Abs. 1 Nr. 9 Buchst. b).

Satzung → 8 ff. (Abstandsfläche)

Sachbescheidungsinteresse → 35 (Prüfprogramm im vereinfachten Baugenehmigungsverfahren)

Sachverständiger → 77 (Fachplaner)

Schalenwild → 73 (Einfriedungen)

Schaufenster → 154 (Verfahrensfreiheit für Werbeanlagen)

Schutzhütte
Verfahrensfrei sind jetzt auch Schutzhütten für Wanderer, die jedermann   **118**
zugänglich sind und keine Aufenthaltsräume haben (Art. 57 Abs. 1 Nr. 1
Buchst. f).

Schutzhalle → 40 (verfahrensfreie Baustelleneinrichtung)

Schwimmbecken
Schwimmbecken mit einem Beckeninhalt bis zu 100 m³, außer im Außen-   **119**
bereich, sind jetzt einschließlich dazugehöriger temporärer luftgetragener
Überdachungen verfahrensfrei (Art. 57 Abs. 1 Nr. 9 Buchst. a).
→ 153 (Wasserbecken)

Solarenergieanlage
Verfahrensfrei sind (gebäudeabhängige) Solarenergieanlagen und Sonnen-   **120**
kollektoren in und an Dach- und Außenwandflächen sowie auf Flachdächern, im Übrigen mit einer Fläche bis zu 9 m² (Art. 57 Abs. 1 Nr. 2 Buchst.
b Doppelbuchst. aa = Art. 63 Abs. 1 Satz 1 Nr. 2 Buchst. c a. F.), zusätzlich
neu: gebäudeunabhängige (freistehende) Solarenergieanlagen und Sonnenkollektoren mit einer Höhe bis zu 3 m und einer Gesamtlänge bis zu 9 m
(Doppelbuchst. bb).
→ 5 f. (Abstandsfläche)

Sonderbau
Die BayBO unterscheidet nicht mehr – wie die BayBO a. F. – zwischen Vor-   **121**
haben geringer und Vorhaben mittlerer Schwierigkeit (vgl. Art. 2 Abs. 4
Sätze 1 und 3 a. F.) sowie Sonderbauten (Art. 2 Abs. 4 Satz 2 a. F.), sondern
nur (noch) zwischen Standardbauvorhaben und Sonderbauten, für die das
materielle Entscheidungsprogramm entweder in einer Sonderbauverord-
nung enthalten ist oder einzelfallbezogen auf der Grundlage des Art. 54
Abs. 3 Satz 1 Halbsatz 1, Satz 2 (= Art. 60 Abs. 3 Satz 1 Halbsatz 1,
Satz 2 a. F.) entwickelt werden muss. Der Katalog der Sonderbauten in
Art. 2 Abs. 4 entspricht weitgehend demjenigen in Art. 2 Abs. 4 Satz 2 a. F.
Klargestellt ist in Art. 2 Abs. 4 Nr. 3 gegenüber Art. 2 Abs. 4 Satz 1
Nr. 4 a. F., dass die Flächengrenze von 1600 m² sich nur auf Gebäude bezie-
hen kann[59]. Bei Verkaufs- (Art. 2 Abs. 4 Nr. 4) und Gaststätten (Art. 2 Abs. 4
Nr. 8) sind die Schwellenwerte gegenüber dem früheren Rechtszustand

---

59 So schon die Auslegung des bisherigen Rechts durch *BayVGH*, Beschl. v. 1. 2. 2007 – 15 CS
06.2933.

abgesenkt worden und liegen nunmehr unterhalb der Einstiegsschwellen der einschlägigen Sonderbauverordnungen (vgl. § 1 VkV; § 1 Abs. 1 BStättV); damit soll ermöglicht werden, ggf. auch unterhalb dieser Schwelle erforderlichenfalls auf der Grundlage des Art. 54 Abs. 3 Satz 1 Halbsatz 1, Satz 2 einzelfallbezogene Anforderungen zu stellen und/oder einzelfallbezogene Erleichterungen zuzulassen, die bei diesen mit Blick auf die Personenrettung sensiblen Nutzungen sachdienlich und geboten sein können.

122 Art. 2 Abs. 4 Nr. 18 enthält einen neuen Auffangtatbestand, mit dessen Hilfe auch Sonderfälle erfasst werden können, die bei der Erstellung des Sonderbautenkatalogs nicht erkennbar waren; der Auffangtatbestand darf aber nicht dazu herangezogen werden, in den übrigen Nummern abschließend umrissene Sonderbautentatbestände zu erweitern.

123 Nicht mehr zu den Sonderbauten rechnen die Großgaragen (Art. 2 Abs. 4 Satz 2 Nr. 13 a. F., § 1 Abs. 8 Satz 1 Nr. 3 GaStellV). Für diese und die Mittelgaragen (§ 1 Abs. 8 Satz 1 Nr. 2 GaStellV) hält bereits die GaStellV die notwendigen (besonderen) materiell-rechtlichen Anforderungen vor; hinsichtlich der bautechnischen Nachweise finden sich spezifische Regelungen in Art. 62 Abs. 2 Satz 3, Abs. 3 Satz 3 Nr. 2. Damit sind die Schwierigkeiten ausgeräumt, die sich bei der bisherigen Rechtslage daraus ergeben konnten, dass Mittel- und Großgaragen als Annex eines genehmigungsfrei gestellten Bauvorhabens (vgl. Art. 64 Abs. 1 Satz 1 a. F.: „... einschließlich ihrer Nebengebäude und Nebenanlagen ...") auf ein inadäquat niedriges bautechnisches Prüfniveau absinken konnten, andererseits aber – wegen des Sonderbautenvorbehalts in Art. 73 Abs. 1 a. F. – ihnen zugeordnete Vorhaben geringer Schwierigkeit nach Art. 2 Abs. 4 Satz 1 a. F. gewissermaßen als „Verfahrenslokomotive" aus dem vereinfachten in das Baugenehmigungsverfahren nach Art. 72 Abs. 1 a. F. ziehen konnten. Damit sind zwar nicht alle Schnittstellenprobleme bei Bauvorhaben beseitigt, die sich aus Standard- und Sonderbaubestandteilen zusammensetzen[60], aber immerhin ein praktisch bedeutsamer Anteil.

→ 18 (Freizeit- und Vergnügungspark), 33 (Prüfprogramm des Baugenehmigungsverfahrens), 45 (Prüfung Brandschutznachweis), 46 (Prüfung Standsicherheitsnachweis), 50 (Bauüberwachung), 58 (Beherbergungsstätte), 69 (Büro- und Verwaltungsnutzung), 86 (Gaststätte), 88 (Gliederung der

---

60 Zum gespaltenen Prüfprogramm und den sich daraus ergebenden Folgerungen für die Berechnung der Baugenehmigungsgebühr *BayVGH*, Urt. v. 17. 2. 2005 – 2 B 02.2691; (vom *BVerwG* zugelassene) Revision zurückgewiesen durch *BVerwG*, Urt. v. 7. 6. 2006 – 4 C 7.05 –, BauR 2006, 1439 = NVwZ 2006, 1065 = ZfBR 2006, 686.

Bauvorhaben), 91 (Gebäudeklasse), 101 (Gewächshaus), 125 (Spielhalle), 130 (Stellplätze), 145 (Verkaufsstätte), 148 (Versammlungsstätte)

Sondernutzungserlaubnis
Die Baugenehmigung schließt die Sondernutzungserlaubnis ein (Art. 21 **124** Satz 1 BayStrWG).

Sonnenkollektor → 120 (Solarenergieanlage)

Spielhalle
Spielhallen mit mehr als 150 m² Fläche sind Sonderbauten (Art. 2 Abs. 4 **125** Nr. 8).

Spielplatz
Verfahrensfrei sind nunmehr Anlagen, die der zweckentsprechenden Ein- **126** richtung von Spiel-, Abenteuerspiel-, Bolz- und Sportplätzen, Reit- und Wanderwegen, Trimm- und Lehrpfaden dienen, ausgenommen Gebäude und Tribünen (Art. 57 Abs. 1 Nr. 9 Buchst. c).

Sportplatz → 126 (Verfahrensfreiheit)

Standsicherheitsnachweis → 42 ff. (bautechnische Nachweise), 50 (Bau-überwachung), 61 (Beseitigung), 67 (Brandschutz)

Stellplatzablösung → 131 ff.

Stellplatz
Im Stellplatzrecht der Länder[61] überlagern sich seit dem Beginn der 90er **127** Jahre des vergangenen Jahrhunderts zwei miteinander nicht notwendig harmonierende Regelungsziele: zum einen das klassische Motiv des Stellplatzrechts, den öffentlichen Verkehrsraum von ruhendem Verkehr freizuhalten, zum anderen die Flankierung verkehrspolitischer Strategien der Kommunen, die auf eine Verdrängung des Individualverkehrs mit Kraftfahrzeugen und dessen Verlagerung insbesondere auf den öffentlichen Personennahverkehr zielen[62]. Dabei ist – auch unter Finanzierungsaspekten –

---

61 Übersicht bei *Jäde*, Das Stellplatzrecht der Landesbauordnungen, WiVerw 2000, 209.
62 Zu diesen Ansätzen z. B. *Böckenförde*, Die novellierten Regelungen der Landesbauordnungen
– ein wirksamer Beitrag zur Lösung der Parkraumproblematik?, in: Lenz (Hrsg.), Festschrift
für Konrad Gelzer zum 75. Geburtstag, 1991, S. 181; *Epp*, Rechtsformen autofreien Wohnens:

insbesondere in größeren Gemeinden der Gesichtspunkt der kommunalen Verkehrspolitik immer stärker in den Vordergrund gerückt. Dies hat im Rahmen der Diskussionen um die MBO 2002 dazu geführt, das Stellplatzrecht in dem Sinn zu kommunalisieren, dass die Festlegung der Zahl der notwendigen Stellplätze (einschließlich sämtlicher Modalitäten einer etwaigen Stellplatzablösung) den Gemeinden überlassen bleibt (§ 48 Abs. 1 i. V. m. § 86 Abs. 1 Nr. 4 MBO). Dieses Modell hat sich aber nur in einigen Ländern durchsetzen können[63] und ist auch in Bayern mit Rücksicht auf den Widerstand der betroffenen kommunalen Spitzenverbände nicht realisiert worden. Gleichwohl spielt die Gemeinde bei der Entscheidung über die Erfüllung der Stellplatzpflicht die entscheidende Rolle, weil von ihr im Zweifel abhängt, ob der Bauherr die Stellplätze ablösen kann. Art. 47 fasst die bisherigen Art. 52 f. a. F. unter gleichzeitiger deutlicher Straffung zusammen; dabei sind die bisher in Art. 52 Abs. 5 bis 9 a. F. enthaltenen materiellrechtlichen Anforderungen teils als überflüssig, teils mit Rücksicht auf Regelungen bzw. Regelungsmöglichkeiten in anderen Rechtsbereichen entfallen.

128 Art. 47 Abs. 1 enthält die allgemeinen Grundsätze der Stellplatzpflicht (s. bisher Art. 52 Abs. 2 und 3 a. F.). Dabei wurde bisher der unbestimmte Rechtsbegriff „in ausreichender Zahl" (Art. 52 Abs. 2 Satz 1 = Art. 47 Abs. 1 Satz 1) unter Heranziehung der Richtwerte aus den Stellplatzrichtlinien von 1978[64] konkretisiert. Da die Stellplatzanforderungen nicht mehr im Prüfprogramm des vereinfachten Baugenehmigungsverfahrens (Art. 59 Satz 1) enthalten sind, können diese Anforderungen auch nicht mehr im Baugenehmigungsverfahren durch die Bauaufsichtsbehörde in die Baugenehmigung „transformiert" werden. Sie müssen daher außenverbindlich und zudem – anders als die bisherigen Rahmenwerte – rechtssicher ablesbar durch Rechtsverordnung festgelegt werden (Art. 47 Abs. 2 Satz 1); dies erfolgt in § 20 GaStellV in Verbindung mit der zugehörigen Anlage.

129 Die Regelung durch die Rechtsverordnung aufgrund Art. 47 Abs. 2 Satz 1 ist gegenüber einer gemeindlichen Regelung durch örtliche Bauvorschrift (Art. 81 Abs. 1 Nr. 4) oder durch Bebauungsplan (aufgrund § 12 Abs. 6 BauNVO) subsidiär; die ortsrechtliche Regelung hat Vorrang. Hat die

---

privatrechtliche und öffentlich-rechtliche Instrumente der Autobeschränkung in Neubaugebieten, 1999; *Smeddinck*, Stellplatzpflicht und umweltpolitische Steuerung, 1999.

63 Brandenburg (§ 43 Abs. 1 BbgBO), Hessen (§ 44 Abs. 1 Satz 1 HBO), Mecklenburg-Vorpommern (§ 49 Abs. 1 Satz 1 LBauO M-V), Sachsen-Anhalt (§ 48 Abs. 1 Satz 1 BauO LSA); Berlin kennt nur noch eine Pflicht zur Errichtung von Stellplätzen für Menschen mit Behinderung bei öffentlich zugänglichen Gebäuden (§ 50 Abs. 1 Satz 1 BauO Bln).

64 Bekanntmachung des Staatsministeriums des Innern vom 12. 2. 1978 Nr. IIB4–9134–79, AllMBl S. 181.

Gemeinde aufgrund Art. 91 Abs. 2 Nr. 4 a. F. oder aufgrund § 12 Abs. 6 BauNVO die Zulässigkeit von Stellplätzen eingeschränkt oder ausgeschlossen oder trifft sie künftig eine solche Regelung aufgrund § 12 Abs. 6 BauNVO, legt sie die Zahl der notwendigen Stellplätze entsprechend niedriger als § 20 GaStellV fest – im Extremfall auf Null. Bei der Regelung der Zahl der notwendigen Stellplätze ist die Gemeinde an die gesetzliche Vorentscheidungen in Art. 47 Abs. 1 Sätze 2 und 3 gebunden, d. h. an die Beschränkung auf den Zusatzbedarf bei Nutzungsänderungen[65] und die stellplatzrechtliche Privilegierung von Dachgeschossausbauten. Insofern ist die Ermächtigung in Art. 81 Abs. 1 Nr. 4, Regelungen auch bezüglich der Zahl der Stellplätze auch hinsichtlich des Mehrbedarfs bei Änderungen und Nutzungsänderungen zu treffen, eingeschränkt zu interpretieren; die Gemeinde kann aber beispielsweise satzungsrechtlich auf die Geltendmachung von Stellplatz(mehr)bedarf bei gewerblichen Ersatzbauten in zentralen Lagen verzichten.

Die Regelung der Zahl der notwendigen Stellplätze durch § 20 GaStellV **130** oder durch Ortsrecht steht unter dem Vorbehalt des Art. 54 Abs. 3 Satz 1 Halbsatz 1. Insbesondere bei Sonderbauten, bei denen das Bauordnungsrecht insgesamt und damit auch das Stellplatzrecht zum Prüfprogramm gehört (Art. 60 Satz 1 Nr. 2), kann es u. U. im Einzelfall erforderlich sein, zur Abwehr erheblicher Gefahren eine über diese Regelmaße hinausgehende Anzahl von Stellplätzen (und deren Realherstellung) zu fordern. In die dabei anzustellenden Ermessenserwägungen sind aber – soweit es um ein Abweichen von einer gemeindlichen Regelung geht – namentlich auch die Aspekte der kommunalen Verkehrskonzeption einzustellen.

Art. 47 Abs. 3 bildet auch insofern einen Systemschnitt im Verhältnis **131** zum bisherigen Recht, als nunmehr – abweichend von Art. 53 Abs. 1 Satz 1 a. F. – die Stellplatzablösung der Realherstellung von Stellplätzen gleichwertig zur Seite gestellt wird: Die Stellplatzpflicht kann nunmehr erfüllt werden durch die Herstellung der notwendigen Stellplätze auf dem Baugrundstück (Art. 47 Abs. 3 Nr. 1), durch deren Herstellung auf einem geeigneten Grundstück in der Nähe des Baugrundstücks, wenn dessen Benutzung für diesen Zweck gegenüber dem Rechtsträger der Bauaufsichtsbehörde gesichert ist (Nr. 2), oder durch Übernahme der Kosten für die Herstellung der notwendigen Stellplätze durch den Bauherrn gegenüber der Gemeinde (Nr. 3). Tatbestandliche Voraussetzung für die Stellplatzablösung ist damit allein noch – was der Klammerzusatz „(Ablösungsvertrag)" in

---

65 Dazu *Jäde*, in: Jäde/Dirnberger/Bauer/Weiß, Die neue BayBO, Art. 52 a. F. RdNrn. 80 ff. m. w. N.

Art. 47 Abs. 3 Nr. 3 unterstreicht –, dass Bauherr und Gemeinde sich über die Stellplatzablösung einigen, nicht mehr, dass die Realherstellung der Stellplätze dem Bauherrn unmöglich ist. Für die gemeindliche Entscheidung über den Abschluss von Ablösungsverträgen, die auch durch örtliche Bauvorschrift nach Art. 81 Abs. 1 Nr. 4 programmiert werden kann, gelten im Übrigen die bisherigen Grundsätze[66].

132 Keine Stellplatzablösung kann dann mehr gefordert werden, wenn die Errichtung von Stellplätzen durch örtliche Bauvorschrift nach Art. 91 Abs. 2 Nr. 4 a. F. oder Festsetzung in einem Bebauungsplan aufgrund § 12 Abs. 6 BauNVO beschränkt oder ausgeschlossen ist, weil darin eine (abweichende) Festlegung der Zahl der notwendigen Stellplätze liegt. Das gilt – wie Art. 83 Abs. 5 klarstellt – auch für vor dem Inkrafttreten der BayBO 2008 erlassene Satzungen nach Art. 91 Abs. 2 Nr. 4 a. F., die zwar weiter gelten, aber nur noch als Sonderregelung der Zahl der notwendigen Stellplätze, nicht mehr als Anknüpfungspunkt für eine Stellplatzablösungsforderung nach Art. 53 Abs. 1 Satz 2 a. F.

133 Die Stellplatzablösungsbeträge können nunmehr verwendet werden für die Herstellung zusätzlicher oder die Instandhaltung oder die Modernisierung bestehender Parkeinrichtungen (Art. 47 Abs. 4 Nr. 1) und für sonstige Maßnahmen zur Entlastung der Straßen vom ruhenden Verkehr einschließlich investiver Maßnahmen des öffentlichen Personennahverkehrs (Nr. 2). Die strengen Bindungen zur Sicherung der Gruppennützigkeit der Verwendung der Stellplatzablöse (vgl. Art. 53 Abs. 1 Satz 4 a. F.), die früher mit Blick auf die Rechtsprechung des *Bundesverfassungsgerichts* zur Zulässigkeit von Sonderabgaben[67] für erforderlich erachtet wurden, konnten gelockert werden, nachdem das *Bundesverwaltungsgericht*[68] nur noch gefordert hatte, die Ablösungsbeträge müssten zu Zwecken verwendet werden, die geeignet seien, den öffentlichen Verkehrsraum von ruhendem Verkehr zu entlasten. Weil die frühere Rechtslage lediglich die – vermeintlich – verfassungsrechtlich gebotene Schrankenziehung enthielt, aber keine eigenständige gesetzgeberische Gestaltung, bestehen auch keine Bedenken, bereits

---

66 Dazu *Jäde*, in: Jäde/Dirnberger/Bauer/Weiß, Die neue BayBO, Art. 53 a. F. RdNrn. 14 ff. m. w. N.

67 *BVerfG*, Urt. v. 10. 12. 1980 – 2 BvF 3/77 –, BVerfGE 55, 274 = BayVBl. 1981, 82 = GewArch 1981, 41 = DB 1981, 167 = NJW 1981, 329 = DÖV 1981, 135 = DVBl. 1981, 3765 = VRspr. 32, 129 = JuS 1982, 458; Beschl. v. 11. 10. 1994 – 2 BvR 633/86 –, BVerfGE 91, 186 = BayVBl. 1995, 302 = GewArch 1995, 61 = DB 1994, 2619 = DVBl. 1995, 100 = DÖV 1995, 194 = NVwZ 1995, 262 = VR 1995, 101 – Kohlepfennig.

68 *BVerwG*, Urt. v. 16. 9. 2004 – 4 C 5.03 –, BauR 2005, 375 = NVwZ 2005, 215 = ZfBR 2005, 285 = UPR 2005, 108 = BRS 67 Nr. 158.

erhobene, bisher der Verwendungsbindung nach Art. 53 Abs. 1 Satz 3 a. F. unterliegende Ablösungsbeträge nunmehr auch für andere nach Art. 47 Abs. 4 zulässige Zwecke zu verwenden.

→ 112 (Verfahrensfreiheit)

Straßenfest → 146 (Verfahrensfreiheit)

Stützmauer → 6 (Abstandsfläche), 72 (Verfahrensfreiheit)

Szenenfläche → 148 (Versammlungsstätte)

Tankautomat → 160 (Verfahrensfreiheit)

Technische Baubestimmungen
Nach Art. 3 Abs. 2 Satz 1 waren und sind die vom Staatsministerium des   134
Innern oder der von ihm bestimmten Stelle durch öffentliche Bekanntmachung als Technische Baubestimmungen eingeführten technischen Regeln zu beachten. Ein Abweichen von diesen Regeln war aber nach Art. 3 Abs. 2 Satz 3 a. F. – abgesehen von bauproduktenrechtlich relevanten Fallkonstellationen – nur im Wege einer Abweichung nach Art. 70 Abs. 1 a. F. möglich. Nunmehr kann – ohne dass eine behördliche Zulassungsentscheidung erforderlich wäre – von den Technischen Baubestimmungen abgewichen werden, wenn mit einer anderen Lösung in gleichem Maße die allgemeinen Anforderungen des Art. 3 Abs. 1 erfüllt werden (Art. 3 Abs. 2 Satz 3 Halbsatz 1). Das gilt aber nur für gleich- oder ggf. auch höherwertige Lösungen. Bleibt die von einer Technischen Baubestimmung abweichende Lösung hingegen hinter Art. 3 Abs. 1 zurück, ist sie schlechthin unzulässig und kann auch nicht durch eine Abweichung legalisiert werden (vgl. die Schranke in Art. 63 Abs. 1 Satz 1 Halbsatz 1), bleibt sie hinter einer sonstigen materiell-rechtlichen Anforderung zurück, kommt eine Zulassung nur durch Abweichung (Art. 63 Abs. 1 Satz 1 Halbsatz 1) in Betracht.

Technische Gebäudeausrüstung
Verfahrensfrei sind jetzt Abgasanlagen in und an Gebäuden sowie freiste-   135
hende Abgasanlagen mit einer Höhe bis zu 10 m (Art. 57 Abs. 1 Nr. 2 Buchst. a), Solarenergieanlagen und Sonnenkollektoren in und an Dach- und Außenwandflächen sowie auf Flachdächern, im Übrigen mit einer Fläche bis zu 9 m^2 (Buchst. b Doppelbuchst. aa), gebäudeunabhängig mit einer Höhe bis zu 3 m und einer Gesamtlänge bis zu 9 m (Doppelbuchst. bb) und sonstige Anlagen der technischen Gebäudeausrüstung (Buchst. c).

Telekommunikation → 149 (Verfahrensfreiheit)

Terrassenüberdachung

136 Verfahrensfrei sind jetzt auch Terrassenüberdachungen mit einer Fläche bis zu 30 m² und einer Tiefe bis zu 3 m (Art. 57 Abs. 1 Nr. 1 Buchst. g).

Tiefgarage → 91 (Gebäudeklasse)

Toiletten

137 Die BayBO spricht nicht mehr – wie bisher – von Aborten, sondern von Toiletten. Unverändert schreibt sie eine notwendige Toilette für Wohnungen vor (Art. 46 Abs. 3), verzichtet aber – mit Blick auf das Arbeitsrecht und die Sonderbauvorschriften – auf entsprechende Regelungen für Betriebs- und Arbeitsstätten sowie für Gebäude, die für eine größere Anzahl von Personen bestimmt sind (vgl. Art. 49 Abs. 1 Sätze 1 und 3).

Toilettenwagen

138 Verfahrensfrei sind vorübergehend aufgestellte Toilettenwagen (Art. 57 Abs. 1 Nr. 12 Buchst. b).

Träger öffentlicher Belange → 62 (Beteiligung dritter Stellen)

Trafostation → 149 (Verfahrensfreiheit)

Tragwerksplaner → 29 (Baubeginn), 44 (bautechnische Nachweise), 45 (Kriterienkatalog), 61 (Beseitigung)

Treppe

139 Mangels praktischer Bedeutung entfallen ist die bisher in Art. 46 Abs. 1 Satz 2 geregelte Möglichkeit, für gewerblich genutzte Räume und für Wohnräume im selben Gebäude eigene Treppen zu verlangen.

Tribüne → 126 (Verfahrensfreiheit)

Trimmpfad → 126 (Verfahrensfreiheit)

Tür → 80 (Verfahrensfreiheit)

Übergangsvorschriften → 24 (Zuständigkeitsübertragung), 97 (Genehmigungsfreistellung), 100 (Vollgeschoss), 132 (Stellplätze), 140 f. (Verfahren), 142 (materielles Recht), 165 (Zustimmung)

Umweltverträglichkeitsprüfung → 32 (Baugenehmigung)

Unfallhilfe → 56 (Verfahrensfreiheit für Behelfsbauten)

Unterkunft → 40 (verfahrensfreie Baustelleneinrichtung)

Unternehmer → 38 (Bestellung)

Untersagung, vorläufige → 60 (Beseitigung), 92, 96 (Genehmigungsfreistellung)

Vereinfachtes Baugenehmigungsverfahren → 34 ff.

Verfahren, Überleitung

Nach Art. 83 Abs. 3 sind auf Baugenehmigungsverfahren, die durch Einrei- **140** chung des Bauantrags bei der Gemeinde (Art. 67 Abs. 1 Satz 1 a. F.) vor dem 31. 12. 2007 eingeleitet worden sind, die Vorschriften der BayBO a. F. anzuwenden, wenn der Bauherr nicht gegenüber der Gemeinde oder gegenüber der Bauaufsichtsbehörde erklärt, dass die neue Fassung der BayBO anzuwenden ist. Die Erklärung kann nicht beliebig gegenüber der Gemeinde oder der Bauaufsichtsbehörde abgegeben werden, sondern jeweils nur dann, wenn der Bauantrag (noch) dort anhängig ist.

Bei der Überleitungsvorschrift handelt es sich um eine ausschließlich **141** verfahrensrechtliche Überleitung. Das ergibt sich bereits aus dem Wortlaut der Vorschrift, der von Baugenehmigungsverfahren spricht (und nicht von Bauvorhaben, für die das Baugenehmigungsverfahren ...). Der Bauherr kann also beispielsweise wählen, ob er das Prüfprogramm des Art. 73 Abs. 1 a. F. oder des Art. 59 Satz 1 angewandt wissen möchte. Fällt sein Bauvorhaben in den erweiterten Anwendungsbereich der Genehmigungsfreistellung (Art. 58), muss er allerdings den Bauantrag zurücknehmen und die Genehmigungsfreistellung neu bei der Gemeinde einleiten.

In materiellrechtlicher Hinsicht ist – nach allgemeinen Grundsätzen – **142** das zum Zeitpunkt der Entscheidung über den Bauantrag geltende, jeweils maßgebliche materielle Recht anzuwenden. Praktische Schwierigkeiten dürften sich daraus kaum ergeben, weil die materiellrechtlichen Anforderungen durch die Bauordnungsnovelle durchwegs erleichtert worden sind. Ergibt sich demgegenüber eine Verschärfung der Anforderungen, besteht ein schutzwürdiges Vertrauen des Bauherrn auf den Fortbestand der früheren Rechtslage und ist ihm eine Umplanung vernünftigerweise nicht zuzumuten, können Härten, die sich aus der Rechtsänderung ergeben, durch

Zulassung von Abweichungen (Art. 63 Abs. 1 Satz 1 Halbsatz 1) vermieden werden[69].

Verfahrensfreiheit

143 Bauvorhaben, die weder einer Baugenehmigung bedürfen noch der Genehmigungsfreistellung (Art. 58) unterliegen, bezeichnet die BayBO jetzt als „verfahrensfrei" (Art. 57), um sie von den ebenfalls baugenehmigungsfreien Bauvorhaben der Genehmigungsfreistellung begrifflich abzugrenzen. Baugenehmigungsfreiheit ist also der Oberbegriff für Verfahrensfreiheit und Genehmigungsfreistellung.

144 Verfahrensfreiheit – und gleichermaßen Genehmigungsfreiheit im Übrigen und Beschränkung der Prüfprogramme – entbinden nicht von der Verpflichtung zur Einhaltung öffentlich-rechtlicher Anforderungen. Dieser bisher in Art. 63 Abs. 6 a. F. enthaltene, an sich selbstverständliche, gleichwohl in der Praxis immer wieder in Vergessenheit geratende Grundsatz[70] findet sich nunmehr in Art. 55 Abs. 2.

→ 21 (Außenwandbekleidung), 40 (Baustelleneinrichtung), 42 (bautechnische Nachweise), 49 (tragende und nichttragende Bauteile), 55 (Behälter), 56 (Behelfsbauten), 59 (Beseitigung), 70 (Dungstätten, Fahrsilos, Kompostanlagen), 72 f. (Mauern und Einfriedungen), 78 (Fahrgastunterstand), 79 (Fahrradabstellanlage), 80 (Fenster und Türen), 82 (Flutlichtmast), 83 (Freischankfläche), 84 (Garage), 85 (Anlagen zur Gartennutzung), 87 (Gebäude), 101 (Gewächshaus), 102 (Grabdenkmal, Feldkreuz, Denkmal, Kunstwerk), 110 (Kinderspielplatz), 111 (landwirtschaftliche Lager-, Abstell- und Ausstellungsplätze), 112 (Stellplätze, Lager- und Abstellplätze, Zufahrten), 113 (bauliche Anlagen auf Messe- und Ausstellungsgelände), 114 (Nutzungsänderung), 117 (Springschanze, Sprungturm, Rutschbahn), 118 (Schutzhütte), 119 (Schwimmbecken), 120 (Solarenergieanlage, Sonnenkollektor), 126 (Anlagen für Spiel-, Abenteuerspiel-, Bolz-, Sportplatz, Reit-, Wanderweg, Trimm-, Lehrpfad), 135 (technische Gebäudeausrüstung), 136 (Terrassenüberdachung), 138 (Toilettenwagen), 146 (Verkaufsstände u. ä. bei Märkten, Volks- und Straßenfesten), 147 (Verputz), 149 (Versorgungsanlagen), 152 (Warenautomaten), 154 ff. (Werbeanlagen), 160 (Zapfsäule, Tankautomat)

---

69 *BayVGH*, Urt. v. 12. 11. 1987 – 26 B 83 A. 2808 –, BayVBl. 1989, 403.

70 Seine Positivierung geht auf die BayBO-Novelle 1982 und den damaligen Staatsminister des Innern, Gerold Tandler, zurück (deshalb *Lex Tandler*).

Verkaufsstätte

Verkaufsstätten sind nunmehr bereits bei einer Fläche der Verkaufsräume **145** und Ladenstraßen von insgesamt mehr als 800 m² Sonderbauten (Art. 2 Abs. 4 Nr. 4).

Verkaufsstand

Präzisiert worden ist im Verhältnis zu Art. 63 Abs. 1 Satz 1 Nr. 12 Buchst. c **146** a. F., dass verfahrensfrei Verkaufsstände und andere bauliche Anlagen auf Straßenfesten, Volksfesten und Märkten sind, ausgenommen fliegende Bauten.

Verputz

Verputz ist auch vor Fertigstellung der Anlage verfahrensfrei (Art. 57 Abs. 1 **147** Nr. 10 Buchst. e).

Versammlungsstätte

Sonderbauten sind Versammlungsstätten mit Versammlungsräumen, die **148** insgesamt mehr als 200 Besucher fassen, wenn diese Versammlungsräume gemeinsame Rettungswege haben (Art. 2 Abs. 4 Nr. 7 Buchst. a), im Freien mit Szenenflächen und Freisportanlagen, deren Besucherbereich jeweils mehr als 1000 Besucher fasst und ganz oder teilweise aus baulichen Anlagen besteht (Buchst. b).

Versorgungsanlagen

Verfahrensfrei sind Anlagen, die der Telekommunikation, der öffentlichen **149** Versorgung mit Elektrizität einschließlich Trafostationen, Gas, Öl oder Wärme dienen, mit einer Höhe bis zu 5 m und einer Fläche bis zu 10 m² (Art. 57 Abs. 1 Nr. 3 Buchst. b).

Verunstaltung

Nicht mehr kraft Gesetzes verunstaltend (vgl. Art. 11 Abs. 2 Satz 1 a. F.) **150** sind Werbeanlagen an Ortsrändern, soweit sie in die freie Landschaft hineinwirken.

→ 28 (keine bestandsschutzdurchbrechenden bauaufsichtlichen Maßnahmen), 37 (Regeln der Baukunst)

Verwaltung → 69 (Büro- und Verwaltungsnutzung)

Vier-Augen-Prinzip → 41, 45 (bautechnische Nachweise)

Volksfest → 146 (Verfahrensfreiheit)

Vollgeschoss → 100 (Geschoss)

Vorbescheid

151 Der Vorbescheid[71] enthält eine Vorwegentscheidung zu einzelnen im Baugenehmigungsverfahren zu entscheidenden Vorfragen. Ebenso wie die Baugenehmigung ist er daher ein – grundsätzlich – rechtlich gebundener Verwaltungsakt, auf den der Bauherr ggf. einen Rechtsanspruch hat. Dem trägt
– abweichend von dem in Art. 75 Abs. 1 Satz 1 a. F. der Bauaufsichtsbehörde eingeräumten Ermessen – nunmehr Art. 71 Satz 1 Rechnung.

Wanderweg → 126 (Verfahrensfreiheit)

Warenautomaten

152 Warenautomaten sind nunmehr stets verfahrensfrei (Art. 57 Abs. 1 Nr. 11
Buchst. b); die bisherige Beschränkung auf eine vordere Ansichtsfläche bis
zu 1 m² oder die geforderte Verbindung mit einer offenen Verkaufsstelle
(Art. 63 Abs. 1 Satz 1 Nr. 11 Buchst. b a. F.) sind entfallen.

Wasserbecken

153 Neu verfahrensfrei sind (von Schwimmbecken zu unterscheidende) Wasserbecken mit einem Beckeninhalt bis zu 100 m³ (Art. 57 Abs. 1 Satz 1
Nr. 5 Buchst. g).
→ 119 (Schwimmbecken)

Werbeanlage

154 Ohne Flächenbegrenzung sind jetzt Werbeanlagen in Auslagen oder an
Schaufenstern verfahrensfrei. Im Übrigen wird klargestellt, dass die für die
Verfahrensfreiheit maßgebliche Größe von 1 m² die Ansichtsfläche ist
(Art. 57 Abs. 1 Nr. 11 Buchst. a).

155 Werbeanlagen, die nach ihrem erkennbaren Zweck nur vorübergehend
für höchstens zwei Monate angebracht werden, sind jetzt im Außenbereich
verfahrensfrei zulässig, soweit sie einem Vorhaben im Sinn des § 35 Abs. 1
BauGB dienen, z. B. dem Ab-Hof-Verkauf eines landwirtschaftlichen Betriebs.

---

71 Kritisch zu der knappen, an § 75 MBO orientierten neuen Gesetzesfassung *Schmaltz*, Über-
legungen zum Gegenstand des Bauvorbescheids, BauR 2007, 975.

Werbeanlagen in durch Bebauungsplan festgesetzten Gewerbe-, Indus- **156**
trie- und vergleichbaren Sondergebieten an der Stätte der Leistung, an und
auf Flugplätzen, Sportanlagen, auf abgegrenzten Versammlungsstätten,
Ausstellungs- und Messegeländen, soweit sie nicht in die freie Landschaft
wirken, sind (wegen der Grenze zur möglichen Prüfpflicht hinsichtlich der
Standsicherheit, Art. 62 Abs. 3 Satz 1 Nr. 2 Buchst. c) nur noch mit einer
Höhe bis zu 10 m verfahrensfrei (Art. 57 Abs. 1 Nr. 11 Buchst. g).
→ 150 (Verunstaltung)

Wohnfriede → 13 (Abstandsfläche, bei Satzung nach Art. 6 Abs. 7)

Wohnung → 20 (Dach- und Kellergeschoss)
Ein gesondertes bauordnungsrechtliches Abgeschlossenheitserfordernis für **157**
Wohnungen (bisher Art. 46 Abs. 1 a. F.) besteht nicht mehr, da sich die
Abgeschlossenheit der Nutzungseinheiten bereits aus den Brandschutz-
anforderungen nach raumabschließenden Trennwänden ergibt (Art. 27).
Für die wohnungseigentumsrechtliche Abgeschlossenheit ist diese Rechts-
änderung unerheblich, da der wohnungseigentumsrechtliche Begriff ohne-
hin gegenüber dem bauordnungsrechtlichen eigenständig ist[72].

Entfallen sind das Verbot von „Nordwohnungen" (bisher Art. 46 Abs. 3 **158**
Satz 2 a. F.) und die Forderung, dass an verkehrsreichen Straßen die Aufenthaltsräume einer Wohnung überwiegend auf der vom Verkehrslärm
abgewandten Seite des Gebäudes liegen sollen (Satz 5).

Neu geregelt wird, dass für Gebäude der Gebäudeklassen 3 bis 5 für jede **159**
Wohnung ein ausreichend großer Abstellraum und, soweit die Wohnungen
nicht nur zu ebener Erde liegen, leicht erreichbare und gut zugängliche
Abstellräume für Kinderwagen, Fahrräder und Mobilitätshilfen erforderlich
sind (vgl. bisher Art. 46 Abs. 5 a. F.).

Wohnweg → 76 (Erschließung)

Zapfsäule
Nicht nur die Auswechslung (vgl. bisher Art. 63 Abs. 1 Satz 2 Nr. 2), son- **160**
dern auch die Errichtung und Änderungen von Zapfsäulen und Tankautomaten genehmigter Tankstellen ist jetzt verfahrensfrei (Art. 57 Abs. 1
Nr. 14 Buchst. b).

---

72 *Gemeinsamer Senat der Obersten Gerichtshöfe des Bundes,* Beschl. v. 30. 6. 1992 – GmSOGB
1/91 –, NJW 1992, 3290.

Zufahrt

161 Die Anforderungen an Zugänge und Zufahrten sind in Art. 5 neu und –
wegen der gestärkten Eigenverantwortung auch im Bereich des Brandschutzes detaillierter als bisher in Art. 15 a. F. – geregelt.

→ 122 (Verfahrensfreiheit von Zufahrten)

Zugang → 161 (Zufahrt)

Zuständigkeit → 16 (Abweichungen bei verfahrensfreien Bauvorhaben),
23 (Bauaufsichtsbehörden), 39 (Zustimmung im Einzelfall bei Baudenkmälern und Ensembles), 164 (Zustimmungsverfahren bei Landkreisen und Gemeinden)

Zustimmung, bauaufsichtliche

162 Das Prüfprogramm des Zustimmungsverfahrens wird an dasjenige des vereinfachten Baugenehmigungsverfahrens (Art. 59 Satz 1) angepasst, sodass
auch hier grundsätzlich die Prüfung des Bauordnungsrechts entfällt
(Art. 73 Abs. 2 Satz 2). Unberührt davon bleibt die Eigenverantwortung der
Baudienststelle für Abweichungen von nicht zu prüfenden Vorschriften
(Art. 86 Abs. 2 Satz 3 a. F.); wegen der Regelungs- und Entscheidungsfunk-
tion der Zustimmung im Nachbarschaftsverhältnis werden aber Abweichungen von nicht zu prüfenden drittschützenden Vorschriften in das Prüfprogramm einbezogen (Art. 73 Abs. 2 Satz 2 Halbsatz 1).

163 Das Art. 86 Abs. 3 a. F. zugrunde liegende (Ideal-)Bild eines staatlichen
Bauvorhabens, das von seiner Planung bis zu seiner Beseitigung von einer
staatlichen Baudienststelle nach Abs. 1 Satz 1 betreut wird, der daher auch
durch Abs. 3 Satz 1 die umfassende Verantwortung dafür zugewiesen werden konnte, dass die Errichtung, die Änderung, die Nutzungsänderung, der
Abbruch, die Beseitigung und die Unterhaltung baulicher Anlagen den
öffentlich-rechtlichen Vorschriften entsprechen, deckt sich mit der Wirk-
lichkeit des staatlichen Baugeschehens nur noch eingeschränkt, da in
zunehmendem Maße auch von den Nutzern der Anlagen selbst oder in
deren Auftrag von Dritten ohne Einschaltung der Baudienststelle bauliche
Maßnahmen an dem Grunde nach dieser Vorschrift unterfallenden Gebäuden vorgenommen werden mit der Folge, dass Gemengelagen unterschiedlicher Verantwortlichkeiten entstehen und die Baudienststelle ihre Gesamt-
verantwortung nicht mehr wahrzunehmen vermag. Art. 73 Abs. 3 Satz 1
Halbsatz 2 schränkt vor diesem Hintergrund die Verantwortlichkeit der
Baudienststelle dahingehend ein, dass sie die Verantwortung für die Unter-

haltung baulicher Anlagen nur trägt, wenn und solang sie der für die Anlage Verantwortliche ihr ausschließlich überträgt.

Für genehmigungspflichtige Bauvorhaben der Landkreise und der **164** Gemeinden enthielt Art. 86 Abs. 6 Satz 1 a. F. bisher unter der Voraussetzung, dass die Leitung der Entwurfsarbeiten und die Bauüberwachung einer personell ausreichend besetzten Baudienststelle übertragen wurden, eine Beschränkung des bauaufsichtlichen Prüfprogramms; ferner bestand Genehmigungsfreiheit unter den Voraussetzungen des Art. 86 Abs. 1 Satz 4 a. F., und die Baudienststelle trug die Verantwortung nach Art. 86 Abs. 3 a. F. (Satz 2). Nunmehr wird durch Art. 73 Abs. 5 Satz 1 das Zustimmungsverfahren auch auf nicht verfahrensfreie Bauvorhaben der Landkreise und Gemeinden erstreckt, soweit der Landkreis oder die Gemeinde mindestens mit einem Bediensteten mit der Befähigung zum höheren bautechnischen Verwaltungsdienst und mit sonstigen Fachkräften ausreichend besetzt ist (entsprechend Abs. 1 Satz 1 Nr. 2), wobei das Gesetz davon ausgeht, dass diesen Personen auch die Leitung der Entwurfsarbeiten und die Bauüberwachung übertragen sind; dass auf Abs. 1 Satz 1 nicht (mehr) Bezug genommen wird, soll lediglich verdeutlichen, dass der Landkreis oder die Gemeinde nicht förmlich eine (besondere) Baudienststelle einzurichten braucht. Unter diesen Voraussetzungen entfällt auch die Zustimmung, wenn – bei Bauvorhaben des Landkreises – die Gemeinde nicht widerspricht und die Nachbarn zustimmen (Abs. 5 Satz 1 i. V. m. Abs. 1 Satz 3). Zuständig bleibt jedoch die untere Bauaufsichtsbehörde (Abs. 5 Satz 2).

Die Neuregelung findet auch Anwendung auf Bauvorhaben, für die das **165** Baugenehmigungsverfahren bis zum 31. 12. 2007 eingeleitet worden ist, wenn es der Landkreis oder die Gemeinde gegenüber der Bauaufsichtsbehörde schriftlich beantragt; der „Antrag" führt, ohne dass über ihn entschieden werden müsste, ohne weiteres selbst die erstrebte Rechtsfolge herbei. Eingeleitet ist das Baugenehmigungsverfahren bei Bauvorhaben des Landkreises nach allgemeinen Regeln mit der Einreichung des Bauantrags bei der Gemeinde (Art. 64 Abs. 1 Satz 1), bei Bauvorhaben der Gemeinde aber – soweit sie nicht selbst untere Bauaufsichtsbehörde ist – erst mit Eingang beim Landratsamt.

Anhang – Gesetzestext

Bayerische Bauordnung (BayBO)
in der Fassung der Bekanntmachung vom 14. August 2007
(GVBl S. 588, BayRS 2132–1-I)

Inhaltsübersicht

Erster Teil
Allgemeine Vorschriften

Art. 1 Anwendungsbereich

(1) [1]Dieses Gesetz gilt für alle baulichen Anlagen und Bauprodukte. [2]Es gilt auch für Grundstücke sowie für andere Anlagen und Einrichtungen, an die nach diesem Gesetz oder in Vorschriften auf Grund dieses Gesetzes Anforderungen gestellt werden.

(2) Dieses Gesetz gilt nicht für

1. Anlagen des öffentlichen Verkehrs sowie ihre Nebenanlagen und Nebenbetriebe, ausgenommen Gebäude an Flugplätzen,
2. Anlagen, die der Bergaufsicht unterliegen,
3. Rohrleitungsanlagen sowie Leitungen aller Art, ausgenommen in Gebäuden,
4. Kräne und Krananlagen,
5. Gerüste,
6. Feuerstätten, die nicht der Raumheizung oder der Brauchwassererwärmung dienen, ausgenommen Gas-Haushalts-Kochgeräte.

Art. 2 Begriffe

(1) [1]Bauliche Anlagen sind mit dem Erdboden verbundene, aus Bauprodukten hergestellte Anlagen. [2]Ortsfeste Anlagen der Wirtschaftswerbung (Werbeanlagen) einschließlich Automaten sind bauliche Anlagen. [3]Als bauliche Anlagen gelten Anlagen, die nach ihrem Verwendungszweck dazu bestimmt sind, überwiegend ortsfest benutzt zu werden, sowie

1. Aufschüttungen, soweit sie nicht unmittelbare Folge von Abgrabungen sind,
2. Lagerplätze, Abstellplätze und Ausstellungsplätze,
3. Campingplätze und Wochenendplätze,
4. Freizeit- und Vergnügungsparks,
5. Stellplätze für Kraftfahrzeuge.

[4]Anlagen sind bauliche Anlagen sowie andere Anlagen und Einrichtungen im Sinn des Art. 1 Abs. 1 Satz 2.

(2) Gebäude sind selbständig benutzbare, überdeckte bauliche Anlagen, die von Menschen betreten werden können.

(3) [1]Gebäude werden in folgende Gebäudeklassen eingeteilt:

1. Gebäudeklasse 1:
   a) freistehende Gebäude mit einer Höhe bis zu 7 m und nicht mehr als zwei Nutzungseinheiten von insgesamt nicht mehr als 400 m^2 und
   b) land- oder forstwirtschaftlich genutzte Gebäude,
2. Gebäudeklasse 2:
   Gebäude mit einer Höhe bis zu 7 m und nicht mehr als zwei Nutzungseinheiten von insgesamt nicht mehr als 400 m^2,
3. Gebäudeklasse 3:
   sonstige Gebäude mit einer Höhe bis zu 7 m,

4. Gebäudeklasse 4:

Gebäude mit einer Höhe bis zu 13 m und Nutzungseinheiten mit jeweils nicht mehr als 400 m²,

5. Gebäudeklasse 5:

sonstige Gebäude einschließlich unterirdischer Gebäude.

²Höhe im Sinn des Satzes 1 ist das Maß der Fußbodenoberkante des höchstgelegenen Geschosses, in dem ein Aufenthaltsraum möglich ist, über der Geländeoberfläche im Mittel. ³Bei der Berechnung der Flächen nach Satz 1 bleiben die Flächen im Kellergeschoss außer Betracht.

(4) Sonderbauten sind Anlagen und Räume besonderer Art oder Nutzung, die einen der nachfolgenden Tatbestände erfüllen:

1. Hochhäuser (Gebäude mit einer Höhe nach Abs. 3 Satz 2 von mehr als 22 m),

2. bauliche Anlagen mit einer Höhe von mehr als 30 m,

3. Gebäude mit mehr als 1600 m² Fläche des Geschosses mit der größten Ausdehnung, ausgenommen Wohngebäude und Garagen,

4. Verkaufsstätten, deren Verkaufsräume und Ladenstraßen eine Fläche von insgesamt mehr als 800 m² haben,

5. Gebäude mit Räumen, die einer Büro- oder Verwaltungsnutzung dienen und einzeln mehr als 400 m² haben,

6. Gebäude mit Räumen, die einzeln für eine Nutzung durch mehr als 100 Personen bestimmt sind,

7. Versammlungsstätten

a) mit Versammlungsräumen, die insgesamt mehr als 200 Besucher fassen, wenn diese Versammlungsräume gemeinsame Rettungswege haben,

b) im Freien mit Szenenflächen und Freisportanlagen, deren Besucherbereich jeweils mehr als 1000 Besucher fasst und ganz oder teilweise aus baulichen Anlagen besteht,

8. Gaststätten mit mehr als 40 Gastplätzen, Beherbergungsstätten mit mehr als zwölf Betten und Spielhallen mit mehr als 150 m²,

9. Krankenhäuser, Heime und sonstige Einrichtungen zur Unterbringung oder Pflege von Personen,

10. Tageseinrichtungen für Kinder, behinderte und alte Menschen,

11. Schulen, Hochschulen und ähnliche Einrichtungen,

12. Justizvollzugsanstalten und bauliche Anlagen für den Maßregelvollzug,

13. Camping- und Wochenendplätze,

14. Freizeit- und Vergnügungsparks,

15. fliegende Bauten, soweit sie einer Ausführungsgenehmigung bedürfen,

16. Regale mit einer Oberkante Lagerguthöhe von mehr als 7,50 m,

17. bauliche Anlagen, deren Nutzung durch Umgang mit oder Lagerung von Stoffen mit Explosions- oder erhöhter Brandgefahr verbunden ist,

18. Anlagen und Räume, die in den Nrn. 1 bis 17 nicht aufgeführt und deren Art oder Nutzung mit vergleichbaren Gefahren verbunden sind.

(5) Aufenthaltsräume sind Räume, die zum nicht nur vorübergehenden Aufenthalt von Menschen bestimmt oder geeignet sind.

(6) Flächen von Gebäuden, Geschossen, Nutzungseinheiten und Räumen sind als Brutto-Grundfläche zu ermitteln, soweit nichts anderes geregelt ist.

(7) [1]Geschosse sind oberirdische Geschosse, wenn ihre Deckenoberkanten im Mittel mehr als 1,40 m über die Geländeoberfläche hinausragen; im Übrigen sind sie Kellergeschosse. [2]Hohlräume zwischen der obersten Decke und der Bedachung, in denen Aufenthaltsräume nicht möglich sind, sind keine Geschosse.

(8) [1]Stellplätze sind Flächen, die dem Abstellen von Kraftfahrzeugen außerhalb der öffentlichen Verkehrsfläche dienen. [2]Garagen sind Gebäude oder Gebäudeteile zum Abstellen von Kraftfahrzeugen. [3]Ausstellungs-, Verkaufs-, Werk- und Lagerräume für Kraftfahrzeuge sind keine Stellplätze oder Garagen.

(9) Feuerstätten sind in oder an Gebäuden ortsfest benutzte Anlagen, die dazu bestimmt sind, durch Verbrennung Wärme zu erzeugen.

(10) Bauprodukte sind

1. Baustoffe, Bauteile und Anlagen, die hergestellt werden, um dauerhaft in bauliche Anlagen eingebaut zu werden,

2. aus Baustoffen und Bauteilen vorgefertigte Anlagen, die hergestellt werden, um mit dem Erdboden verbunden zu werden, wie Fertighäuser, Fertiggaragen und Silos.

(11) Bauart ist das Zusammenfügen von Bauprodukten zu baulichen Anlagen oder Teilen von baulichen Anlagen.

Art. 3 Allgemeine Anforderungen

(1) [1]Anlagen sind unter Berücksichtigung der Belange der Baukultur, insbesondere der anerkannten Regeln der Baukunst, so anzuordnen, zu errichten, zu ändern und instand zu halten, dass die öffentliche Sicherheit und Ordnung, insbesondere Leben und Gesundheit, und die natürlichen Lebensgrundlagen nicht gefährdet werden.[2]Sie müssen bei ordnungsgemäßer Instandhaltung die allgemeinen Anforderungen des Satzes 1 ihrem Zweck entsprechend angemessen dauerhaft erfüllen und ohne Missstände benutzbar sein.

(2) [1]Die vom Staatsministerium des Innern oder der von ihm bestimmten Stelle durch öffentliche Bekanntmachung als Technische Baubestimmungen eingeführten technischen Regeln sind zu beachten. [2]Bei der Bekanntmachung kann hinsichtlich ihres Inhalts auf die Fundstelle verwiesen werden. [3]Von den Technischen Baubestimmungen kann abgewichen werden, wenn mit einer anderen Lösung in gleichem Maße die allgemeinen Anforderungen des Abs. 1 erfüllt werden; Art. 15 Abs. 3 und Art. 19 bleiben unberührt. [4]Werden die allgemein anerkannten Regeln der Baukunst und Technik beachtet, gelten die entsprechenden bauaufsichtlichen Anforderungen dieses Gesetzes und der auf Grund dieses Gesetzes erlassenen Vorschriften als eingehalten.

(3) Für die Beseitigung von Anlagen, für die Änderung ihrer Nutzung und für Baugrundstücke gelten Abs. 1 Satz 1 und Abs. 2 entsprechend.

(4) Bauprodukte und Bauarten, die in Vorschriften eines anderen Mitgliedstaates der Europäischen Union oder eines anderen Vertragsstaates des Abkommens vom 2. Mai 1992 über den Europäischen Wirtschaftsraum genannten technischen Anforderungen

entsprechen, dürfen verwendet oder angewendet werden, wenn das geforderte Schutzniveau in Bezug auf Sicherheit, Gesundheit und Gebrauchstauglichkeit gleichermaßen dauerhaft erreicht wird.

Zweiter Teil
Das Grundstück und seine Bebauung

Art. 4 Bebauung der Grundstücke mit Gebäuden

(1) Gebäude dürfen nur unter folgenden Voraussetzungen errichtet werden:

1. Das Grundstück muss nach Lage, Form, Größe und Beschaffenheit für die beabsichtigte Bebauung geeignet sein;
2. das Grundstück muss in einer angemessenen Breite an einer befahrbaren öffentlichen Verkehrsfläche liegen.

(2) Abweichend von Abs. 1 Nr. 2 ist im Geltungsbereich eines Bebauungsplans im Sinn der §§ 12 und 30 Abs. 1 des Baugesetzbuchs (BauGB) und innerhalb eines im Zusammenhang bebauten Ortsteils (§ 34 BauGB) nicht erforderlich

1. die Befahrbarkeit von Wohnwegen begrenzter Länge, wenn keine Bedenken wegen des Brandschutzes oder des Rettungsdienstes bestehen,
2. die Widmung von Wohnwegen begrenzter Länge, wenn von dem Wohnweg nur Wohngebäude der Gebäudeklassen 1 bis 3 erschlossen werden und gegenüber dem Rechtsträger der Bauaufsichtsbehörde rechtlich gesichert ist, dass der Wohnweg sachgerecht unterhalten wird und allgemein benutzt werden kann.

(3) Im Außenbereich genügt eine befahrbare, gegenüber dem Rechtsträger der Bauaufsichtsbehörde rechtlich gesicherte Zufahrt zu einem befahrbaren öffentlichen Weg.

Art. 5 Zugänge und Zufahrten auf den Grundstücken

(1) [1]Von öffentlichen Verkehrsflächen ist insbesondere für die Feuerwehr ein geradliniger Zu- oder Durchgang zu rückwärtigen Gebäuden zu schaffen; zu anderen Gebäuden ist er zu schaffen, wenn der zweite Rettungsweg dieser Gebäude über Rettungsgeräte der Feuerwehr führt. [2]Zu Gebäuden, bei denen die Oberkante der Brüstung von zum Anleitern bestimmten Fenstern oder Stellen mehr als 8 m über dem Gelände liegt, ist in den Fällen des Satzes 1 an Stelle eines Zu- oder Durchgangs eine Zu- oder Durchfahrt zu schaffen. [3]Ist für die Personenrettung der Einsatz von Hubrettungsfahrzeugen erforderlich, sind die dafür erforderlichen Aufstell- und Bewegungsflächen vorzusehen. [4]Bei Gebäuden, die ganz oder mit Teilen mehr als 50 m von einer öffentlichen Verkehrsfläche entfernt sind, sind Zufahrten oder Durchfahrten nach Satz 2 zu den vor und hinter den Gebäuden gelegenen Grundstücksteilen und Bewegungsflächen herzustellen, wenn sie aus Gründen des Feuerwehreinsatzes erforderlich sind.

(2) [1]Zu- und Durchfahrten, Aufstellflächen und Bewegungsflächen müssen für Feuerwehreinsatzfahrzeuge ausreichend befestigt und tragfähig sein; sie sind als solche

zu kennzeichnen und ständig frei zu halten; die Kennzeichnung von Zufahrten muss von der öffentlichen Verkehrsfläche aus sichtbar sein. [2]Fahrzeuge dürfen auf den Flächen nach Satz 1 nicht abgestellt werden.

Art. 6 Abstandsflächen, Abstände

(1) [1]Vor den Außenwänden von Gebäuden sind Abstandsflächen von oberirdischen Gebäuden freizuhalten. [2]Satz 1 gilt entsprechend für andere Anlagen, von denen Wirkungen wie von Gebäuden ausgehen, gegenüber Gebäuden und Grundstücksgrenzen. [3]Eine Abstandsfläche ist nicht erforderlich vor Außenwänden, die an Grundstücksgrenzen errichtet werden, wenn nach planungsrechtlichen Vorschriften an die Grenze gebaut werden muss oder gebaut werden darf.

(2) [1]Abstandsflächen sowie Abstände nach Art. 28 Abs. 2 Nr. 1 und Art. 30 Abs. 2 müssen auf dem Grundstück selbst liegen. [2]Sie dürfen auch auf öffentlichen Verkehrs-, Grün- und Wasserflächen liegen, jedoch nur bis zu deren Mitte. [3]Abstandsflächen sowie Abstände im Sinn des Satzes 1 dürfen sich ganz oder teilweise auf andere Grundstücke erstrecken, wenn rechtlich oder tatsächlich gesichert ist, dass sie nicht überbaut werden, oder wenn der Nachbar gegenüber der Bauaufsichtsbehörde schriftlich, aber nicht in elektronischer Form, zustimmt; die Zustimmung des Nachbarn gilt auch für und gegen seinen Rechtsnachfolger. [4]Abstandsflächen dürfen auf die auf diesen Grundstücken erforderlichen Abstandsflächen nicht angerechnet werden.

(3) Die Abstandsflächen dürfen sich nicht überdecken; das gilt nicht für

1. Außenwände, die in einem Winkel von mehr als 75 Grad zueinander stehen,

2. Außenwände zu einem fremder Sicht entzogenen Gartenhof bei Wohngebäuden der Gebäudeklassen 1 und 2,

3. Gebäude und andere bauliche Anlagen, die in den Abstandsflächen zulässig sind.

(4) [1]Die Tiefe der Abstandsfläche bemisst sich nach der Wandhöhe; sie wird senkrecht zur Wand gemessen. [2]Wandhöhe ist das Maß von der Geländeoberfläche bis zum Schnittpunkt der Wand mit der Dachhaut oder bis zum oberen Abschluss der Wand. [3]Die Höhe von Dächern mit einer Neigung von mehr als 70 Grad wird voll, von Dächern mit einer Neigung von mehr als 45 Grad zu einem Drittel hinzugerechnet. [4]Die Höhe der Giebelflächen im Bereich des Dachs ist bei einer Dachneigung von mehr als 70 Grad voll, im Übrigen nur zu einem Drittel anzurechnen. [5]Die Sätze 1 bis 4 gelten für Dachaufbauten entsprechend. [6]Das sich ergebende Maß ist H.

(5) [1]Die Tiefe der Abstandsflächen beträgt 1 H, mindestens 3 m. [2]In Kerngebieten genügt eine Tiefe von 0,50 H, mindestens 3 m, in Gewerbe- und Industriegebieten eine Tiefe von 0,25 H, mindestens 3 m. [3]Werden von einer städtebaulichen Satzung oder einer Satzung nach Art. 81 Außenwände zugelassen oder vorgeschrieben, vor denen Abstandsflächen größerer oder geringerer Tiefe als nach den Sätzen 1 und 2 liegen müssten, finden die Sätze 1 und 2 keine Anwendung, es sei denn, die Satzung ordnet die Geltung dieser Vorschriften an; die ausreichende Belichtung und Belüftung dürfen nicht beeinträchtigt, die Flächen für notwendige Nebenanlagen nicht eingeschränkt werden.

(6) [1]Vor zwei Außenwänden von nicht mehr als 16 m Länge genügt als Tiefe der Abstandsflächen die Hälfte der nach Abs. 5 erforderlichen Tiefe, mindestens jedoch 3 m; das gilt nicht in Kern-, Gewerbe- und Industriegebieten. [2]Wird ein Gebäude mit einer Außenwand an eine Grundstücksgrenze gebaut, gilt Satz 1 nur noch für eine Außenwand; wird ein Gebäude mit zwei Außenwänden an Grundstücksgrenzen gebaut, so ist Satz 1 nicht anzuwenden; Grundstücksgrenzen zu öffentlichen Verkehrsflächen, öffentlichen Grünflächen und öffentlichen Wasserflächen bleiben hierbei unberücksichtigt. [3]Aneinandergebaute Gebäude sind wie ein Gebäude zu behandeln.

(7) Die Gemeinde kann durch Satzung, die auch nach Art. 81 Abs. 2 erlassen werden kann, abweichend von Abs. 4 Sätze 3 und 4, Abs. 5 Sätze 1 und 2 sowie Abs. 6 für ihr Gemeindegebiet oder Teile ihres Gemeindegebiets vorsehen, dass

1. nur die Höhe von Dächern mit einer Neigung von weniger als 70 Grad zu einem Drittel, bei einer größeren Neigung der Wandhöhe voll hinzugerechnet wird und
2. die Tiefe der Abstandsfläche 0,4 H, mindestens 3 m, in Gewerbe- und Industriegebieten 0,2 H, mindestens 3 m, beträgt.

(8) Bei der Bemessung der Abstandsflächen bleiben außer Betracht

1. vor die Außenwand vortretende Bauteile wie Gesimse und Dachüberstände,
2. Vorbauten wie Balkone und eingeschossige Erker, wenn sie
   a) insgesamt nicht mehr als ein Drittel der Breite der jeweiligen Außenwand, höchstens jedoch 5 m, in Anspruch nehmen,
   b) nicht mehr als 1,50 m vor diese Außenwand vortreten und
   c) mindestens 2 m von der gegenüberliegenden Nachbargrenze entfernt bleiben.

(9) [1]In den Abstandsflächen eines Gebäudes sowie ohne eigene Abstandsflächen sind, auch wenn sie nicht an die Grundstücksgrenze oder an das Gebäude angebaut werden, zulässig

1. Garagen einschließlich deren Nebenräume, überdachte Tiefgaragenzufahrten, Aufzüge zu Tiefgaragen und Gebäude ohne Aufenthaltsräume und Feuerstätten mit einer mittleren Wandhöhe bis zu 3 m und einer Gesamtlänge je Grundstücksgrenze von 9 m, bei einer Gesamtlänge der Grundstücksgrenze von mehr als 42 m darüber hinaus freistehende Gebäude ohne Aufenthaltsräume und Feuerstätten mit einer mittleren Wandhöhe bis zu 3 m, nicht mehr als 50 m³ Brutto-Rauminhalt und einer Gesamtlänge je Grundstücksgrenze von 5 m; abweichend von Abs. 4 bleibt bei einer Dachneigung bis zu 70 Grad die Höhe von Dächern und Giebelflächen unberücksichtigt,
2. gebäudeunabhängige Solaranlagen mit einer Höhe bis zu 3 m und einer Gesamtlänge je Grundstücksgrenze von 9 m,
3. Stützmauern und geschlossene Einfriedungen in Gewerbe- und Industriegebieten, außerhalb dieser Baugebiete mit einer Höhe bis zu 2 m.

[2]Die Länge der die Abstandsflächentiefe gegenüber den Grundstücksgrenzen nicht einhaltenden Bebauung nach den Nrn. 1 und 2 darf auf einem Grundstück insgesamt 15 m nicht überschreiten.

Art. 7 Nicht überbaute Flächen der bebauten Grundstücke; Kinderspielplätze

(1) [1]Die nicht mit Gebäuden oder vergleichbaren baulichen Anlagen überbauten Flächen der bebauten Grundstücke sind

1. wasseraufnahmefähig zu belassen oder herzustellen und
2. zu begrünen oder zu bepflanzen,

soweit dem nicht die Erfordernisse einer anderen zulässigen Verwendung der Flächen entgegenstehen. [2]Satz 1 findet keine Anwendung, soweit Bebauungspläne oder andere Satzungen Festsetzungen zu den nicht überbauten Flächen treffen.

(2) [1]Bei der Errichtung von Gebäuden mit mehr als drei Wohnungen ist auf dem Baugrundstück oder in unmittelbarer Nähe auf einem anderen geeigneten Grundstück, dessen dauerhafte Nutzung für diesen Zweck gegenüber dem Rechtsträger der Bauaufsichtsbehörde rechtlich gesichert sein muss, ein ausreichend großer Kinderspielplatz anzulegen. [2]Das gilt nicht, wenn in unmittelbarer Nähe eine Gemeinschaftsanlage oder ein sonstiger für die Kinder nutzbarer Spielplatz geschaffen wird oder vorhanden oder ein solcher Spielplatz wegen der Art und der Lage der Wohnungen nicht erforderlich ist. [3]Bei bestehenden Gebäuden nach Satz 1 kann die Herstellung von Kinderspielplätzen verlangt werden.

Dritter Teil
Bauliche Anlagen

Abschnitt I   Baugestaltung

Art. 8   Baugestaltung

[1]Bauliche Anlagen müssen nach Form, Maßstab, Verhältnis der Baumassen und Bauteile zueinander, Werkstoff und Farbe so gestaltet sein, dass sie nicht verunstaltet wirken. [2]Bauliche Anlagen dürfen das Straßen-, Orts- und Landschaftsbild nicht verunstalten. [3]Die störende Häufung von Werbeanlagen ist unzulässig.

Abschnitt II   Allgemeine Anforderungen an die Bauausführung

Art. 9   Baustelle

(1) Baustellen sind so einzurichten, dass bauliche Anlagen ordnungsgemäß errichtet, geändert, beseitigt oder instand gehalten werden können und dass keine Gefahren, vermeidbaren Nachteile oder vermeidbaren Belästigungen entstehen.

(2) Öffentliche Verkehrsflächen, Versorgungs-, Abwasserbeseitigungs- und Meldeanlagen, Grundwassermessstellen, Vermessungszeichen, Abmarkungszeichen und Grenzzeichen sind für die Dauer der Bauausführung zu schützen und, soweit erforderlich, unter den notwendigen Sicherheitsvorkehrungen zugänglich zu halten.

(3) Bei der Ausführung nicht verfahrensfreier Bauvorhaben hat der Bauherr an der Baustelle ein Schild, das die Bezeichnung des Bauvorhabens sowie die Namen und Anschriften des Bauherrn und des Entwurfsverfassers enthalten muss, dauerhaft und von der öffentlichen Verkehrsfläche aus sichtbar anzubringen.

Art. 10 Standsicherheit

[1]Jede bauliche Anlage muss im Ganzen, in ihren einzelnen Teilen und für sich allein standsicher sein. [2]Die Standsicherheit muss auch während der Errichtung und bei der Änderung und der Beseitigung gewährleistet sein. [3]Die Standsicherheit anderer baulicher Anlagen und die Tragfähigkeit des Baugrunds des Nachbargrundstücks dürfen nicht gefährdet werden.

Art. 11 Schutz gegen Einwirkungen

Bauliche Anlagen sind so anzuordnen, zu errichten, zu ändern und instand zu halten, dass durch Wasser, Feuchtigkeit, pflanzliche und tierische Schädlinge sowie andere chemische, physikalische oder biologische Einflüsse Gefahren oder unzumutbare Belästigungen nicht entstehen.

Art. 12 Brandschutz

Bauliche Anlagen sind so anzuordnen, zu errichten, zu ändern und instand zu halten, dass der Entstehung eines Brandes und der Ausbreitung von Feuer und Rauch (Brandausbreitung) vorgebeugt wird und bei einem Brand die Rettung von Menschen und Tieren sowie wirksame Löscharbeiten möglich sind.

Art. 13 Wärme-, Schall- und Erschütterungsschutz

(1) Gebäude müssen einen ihrer Nutzung und den klimatischen Verhältnissen entsprechenden Wärmeschutz haben.

(2) [1]Gebäude müssen einen ihrer Nutzung entsprechenden Schallschutz haben. [2]Geräusche, die von ortsfesten Einrichtungen in baulichen Anlagen oder auf Baugrundstücken ausgehen, sind so zu dämmen, dass Gefahren oder unzumutbare Belästigungen nicht entstehen.

(3) Erschütterungen oder Schwingungen, die von ortsfesten Einrichtungen in baulichen Anlagen oder auf Baugrundstücken ausgehen, sind so zu dämmen, dass Gefahren oder unzumutbare Belästigungen nicht entstehen.

Art. 14 Verkehrssicherheit

(1) Bauliche Anlagen und die dem Verkehr dienenden nicht überbauten Flächen bebauter Grundstücke müssen verkehrssicher sein.

(2) Die Sicherheit und Leichtigkeit des öffentlichen Verkehrs darf durch bauliche Anlagen und deren Nutzung nicht gefährdet werden.

Abschnitt III   Bauprodukte und Bauarten

Art. 15   Bauprodukte

(1) [1]Bauprodukte dürfen für die Errichtung, Änderung und Instandhaltung baulicher Anlagen nur verwendet werden, wenn sie für den Verwendungszweck

1. von den nach Abs. 2 bekanntgemachten technischen Regeln nicht oder nicht wesentlich abweichen (geregelte Bauprodukte) oder nach Abs. 3 zulässig sind und wenn sie auf Grund des Übereinstimmungsnachweises nach Art. 20 das Übereinstimmungszeichen (Ü-Zeichen) tragen oder

2. nach den Vorschriften
   a) des Bauproduktengesetzes (BauPG),
   b) zur Umsetzung der Richtlinie 89/106/EWG des Rates zur Angleichung der Rechts- und Verwaltungsvorschriften der Mitgliedstaaten über Bauprodukte (Bauproduktenrichtlinie) vom 21. Dezember 1988 (ABl EG Nr. L 40 S. 12), geändert durch Art. 4 der Richtlinie 93/68/EWG des Rates vom 22. Juli 1993 (ABl EG Nr. L 220 S. 1), durch andere Mitgliedstaaten der Europäischen Union und andere Vertragsstaaten des Abkommens über den Europäischen Wirtschaftsraum oder
   c) zur Umsetzung sonstiger Richtlinien der Europäischen Union, soweit diese die wesentlichen Anforderungen nach § 5 Abs. 1 BauPG berücksichtigen,

in den Verkehr gebracht und gehandelt werden dürfen, insbesondere das Zeichen der Europäischen Union (CE-Kennzeichnung) tragen und dieses Zeichen die nach Abs. 7 Nr. 1 festgelegten Klassen und Leistungsstufen ausweist oder die Leistung des Bauprodukts angibt. [2]Sonstige Bauprodukte, die von allgemein anerkannten Regeln der Technik nicht abweichen, dürfen auch verwendet werden, wenn diese Regeln nicht in der Bauregelliste A bekannt gemacht sind. [3]Sonstige Bauprodukte, die von allgemein anerkannten Regeln der Technik abweichen, bedürfen keines Nachweises ihrer Verwendbarkeit nach Abs. 3.

(2) [1]Das Deutsche Institut für Bautechnik macht im Einvernehmen mit dem Staatsministerium des Innern für Bauprodukte, für die nicht nur die Vorschriften nach Abs. 1 Satz 1 Nr. 2 maßgebend sind, in der Bauregelliste A die technischen Regeln bekannt, die zur Erfüllung der in diesem Gesetz und in Vorschriften auf Grund dieses Gesetzes an bauliche Anlagen gestellten Anforderungen erforderlich sind. [2]Diese technischen Regeln gelten als Technische Baubestimmungen im Sinn des Art. 3 Abs. 2 Satz 1.

(3) [1]Bauprodukte, für die technische Regeln in der Bauregelliste A nach Abs. 2 bekannt gemacht worden sind und die von diesen wesentlich abweichen oder für die es allgemein anerkannte Regeln der Technik oder Technische Baubestimmungen nach Art. 3 Abs. 2 nicht gibt (nicht geregelte Bauprodukte), müssen

1. eine allgemeine bauaufsichtliche Zulassung (Art. 16),

2. ein allgemeines bauaufsichtliches Prüfzeugnis (Art. 17) oder

3. eine Zustimmung im Einzelfall (Art. 18)

haben. [2]Ausgenommen sind Bauprodukte, die für die Erfüllung der Anforderungen dieses Gesetzes oder auf Grund dieses Gesetzes nur eine untergeordnete Bedeutung haben und die das Deutsche Institut für Bautechnik im Einvernehmen mit dem Staatsministerium des Innern in einer Liste C öffentlich bekannt gemacht hat.

(4) Das Staatsministerium des Innern kann durch Rechtsverordnungen vorschreiben, dass für bestimmte Bauprodukte, auch soweit sie Anforderungen nach anderen Rechtsvorschriften unterliegen, hinsichtlich dieser Anforderungen bestimmte Nachweise der Verwendbarkeit und bestimmte Übereinstimmungsnachweise nach Maßgabe der Art. 15 bis 18 und 20 bis 23 zu führen sind, wenn die anderen Rechtsvorschriften diese Nachweise verlangen oder zulassen.

(5) [1]Bei Bauprodukten nach Abs. 1 Satz 1 Nr. 1, deren Herstellung in außergewöhnlichem Maß von der Sachkunde und Erfahrung der damit betrauten Personen oder von einer Ausstattung mit besonderen Vorrichtungen abhängt, kann in der allgemeinen bauaufsichtlichen Zulassung, in der Zustimmung im Einzelfall oder durch Rechtsverordnung des Staatsministeriums des Innern vorgeschrieben werden, dass der Hersteller über solche Fachkräfte und Vorrichtungen verfügt und den Nachweis hierfür gegenüber einer Prüfstelle nach Art. 23 Abs. 1 Satz 1 Nr. 6 zu erbringen hat. [2]In der Rechtsverordnung können Mindestanforderungen an die Ausbildung, die durch Prüfung nachzuweisende Befähigung und die Ausbildungsstätten einschließlich der Anerkennungsvoraussetzungen gestellt werden.

(6) Für Bauprodukte, die wegen ihrer besonderen Eigenschaften oder ihres besonderen Verwendungszwecks einer außergewöhnlichen Sorgfalt bei Einbau, Transport, Instandhaltung oder Reinigung bedürfen, kann in der allgemeinen bauaufsichtlichen Zulassung, in der Zustimmung im Einzelfall oder durch Rechtsverordnung des Staatsministeriums des Innern die Überwachung dieser Tätigkeiten durch eine Überwachungsstelle nach Art. 23 Abs. 1 Satz 1 Nr. 5 vorgeschrieben werden.

(7) Das Deutsche Institut für Bautechnik kann im Einvernehmen mit dem Staatsministerium des Innern in der Bauregelliste B

1. festlegen, welche der Klassen und Leistungsstufen, die in Normen, Leitlinien oder europäischen technischen Zulassungen nach dem Bauproduktengesetz oder in anderen Vorschriften zur Umsetzung von Richtlinien der Europäischen Union enthalten sind, Bauprodukte nach Abs. 1 Satz 1 Nr. 2 erfüllen müssen, und

2. bekannt machen, inwieweit andere Vorschriften zur Umsetzung von Richtlinien der Europäischen Union die wesentlichen Anforderungen nach § 5 Abs. 1 BauPG nicht berücksichtigen.

Art. 16 Allgemeine bauaufsichtliche Zulassung

(1) Das Deutsche Institut für Bautechnik erteilt eine allgemeine bauaufsichtliche Zulassung für nicht geregelte Bauprodukte, wenn deren Verwendbarkeit im Sinn des Art. 3 Abs. 1 nachgewiesen ist.

(2) [1]Die zur Begründung des Antrags erforderlichen Unterlagen sind beizufügen. [2]Soweit erforderlich, sind Probestücke vom Antragsteller zur Verfügung zu stellen oder durch Sachverständige, die das Deutsche Institut für Bautechnik bestimmen kann, zu

entnehmen oder Probeausführungen unter Aufsicht der Sachverständigen herzustellen. ³Art. 65 Abs. 2 gilt entsprechend.

(3) Das Deutsche Institut für Bautechnik kann für die Durchführung der Prüfung die sachverständige Stelle und für Probeausführungen die Ausführungsstelle und Ausführungszeit vorschreiben.

(4) ¹Die allgemeine bauaufsichtliche Zulassung wird widerruflich und für eine bestimmte Frist erteilt, die in der Regel fünf Jahre beträgt. ²Die Zulassung kann mit Nebenbestimmungen erteilt werden. ³Sie kann auf schriftlichen Antrag in der Regel um fünf Jahre verlängert werden; Art. 69 Abs. 2 gilt entsprechend.

(5) Die Zulassung wird unbeschadet der privaten Rechte Dritter erteilt.

(6) Das Deutsche Institut für Bautechnik macht die von ihm erteilten allgemeinen bauaufsichtlichen Zulassungen nach Gegenstand und wesentlichem Inhalt öffentlich bekannt.

(7) Allgemeine bauaufsichtliche Zulassungen nach dem Recht anderer Länder gelten auch im Freistaat Bayern.

Art. 17   Allgemeines bauaufsichtliches Prüfzeugnis

(1) ¹Bauprodukte,
1. deren Verwendung nicht der Erfüllung erheblicher Anforderungen an die Sicherheit baulicher Anlagen dient, oder
2. die nach allgemein anerkannten Prüfverfahren beurteilt werden,

bedürfen an Stelle einer allgemeinen bauaufsichtlichen Zulassung nur eines allgemeinen bauaufsichtlichen Prüfzeugnisses. ²Das Deutsche Institut für Bautechnik macht dies mit der Angabe der maßgebenden technischen Regeln und, soweit es keine allgemein anerkannten Regeln der Technik gibt, mit der Bezeichnung der Bauprodukte im Einvernehmen mit dem Staatsministerium des Innern in der Bauregelliste A bekannt.

(2) ¹Ein allgemeines bauaufsichtliches Prüfzeugnis wird von einer Prüfstelle nach Art. 23 Abs. 1 Satz 1 Nr. 1 für nicht geregelte Bauprodukte nach Abs. 1 erteilt, wenn deren Verwendbarkeit im Sinn des Art. 3 Abs. 1 nachgewiesen ist. ²Art. 16 Abs. 2 bis 7 gelten entsprechend.

Art. 18   Nachweis der Verwendbarkeit von Bauprodukten im Einzelfall

(1) ¹Mit Zustimmung des Staatsministeriums des Innern dürfen im Einzelfall
1. Bauprodukte, die ausschließlich nach dem Bauproduktengesetz oder nach sonstigen Vorschriften zur Umsetzung von Richtlinien der Europäischen Union in Verkehr gebracht und gehandelt werden dürfen, jedoch deren Anforderungen nicht erfüllen, und
2. nicht geregelte Bauprodukte

verwendet werden, wenn deren Verwendbarkeit im Sinn des Art. 3 Abs. 1 nachgewiesen ist. ²Wenn Gefahren im Sinn des Art. 3 Abs. 1 Satz 1 nicht zu erwarten sind, kann das Staatsministerium des Innern im Einzelfall erklären oder für genau begrenzte Fälle allgemein festlegen, dass seine Zustimmung nicht erforderlich ist.

(2) Die Zustimmung nach Abs. 1 für denkmaltypische Bauprodukte, wie Putze, Mörtel und Stucke, die in Baudenkmälern im Sinn des Denkmalschutzgesetzes verwendet werden sollen, erteilt die untere Bauaufsichtsbehörde.

Art. 19 Bauarten

(1) ¹Bauarten, die von Technischen Baubestimmungen nach Art. 3 Abs. 2 Satz 1 wesentlich abweichen oder für die es allgemein anerkannte Regeln der Technik nicht gibt (nicht geregelte Bauarten), dürfen bei der Errichtung, Änderung und Instandhaltung baulicher Anlagen nur angewendet werden, wenn für sie
1. eine allgemeine bauaufsichtliche Zulassung (Art. 16) oder
2. eine Zustimmung im Einzelfall (Art. 18)
erteilt worden ist. ²An Stelle einer allgemeinen bauaufsichtlichen Zulassung genügt ein allgemeines bauaufsichtliches Prüfzeugnis, wenn die Bauart nicht der Erfüllung erheblicher Anforderungen an die Sicherheit baulicher Anlagen dient oder nach allgemein anerkannten Prüfverfahren beurteilt wird. ³Das Deutsche Institut für Bautechnik macht diese Bauarten mit der Angabe der maßgebenden technischen Regeln und, soweit es keine allgemein anerkannten Regeln der Technik gibt, mit der Bezeichnung der Bauarten im Einvernehmen mit dem Staatsministerium des Innern in der Bauregelliste A bekannt. ⁴Art. 15 Abs. 5 und 6 sowie Art. 16, 17 Abs. 2 und Art. 18 gelten entsprechend. ⁵Wenn Gefahren im Sinn des Art. 3 Abs. 1 Satz 1 nicht zu erwarten sind, kann das Staatsministerium des Innern im Einzelfall oder für genau begrenzte Fälle allgemein festlegen, dass eine allgemeine bauaufsichtliche Zulassung oder eine Zustimmung im Einzelfall nicht erforderlich ist.

(2) Das Staatsministerium des Innern kann durch Rechtsverordnung vorschreiben, dass für bestimmte Bauarten, auch soweit sie Anforderungen nach anderen Rechtsvorschriften unterliegen, Abs. 1 ganz oder teilweise anwendbar ist, wenn die anderen Rechtsvorschriften dies verlangen oder zulassen.

Art. 20 Übereinstimmungsnachweis

(1) Bauprodukte bedürfen einer Bestätigung ihrer Übereinstimmung mit den technischen Regeln nach Art. 15 Abs. 2, den allgemeinen bauaufsichtlichen Zulassungen, den allgemeinen bauaufsichtlichen Prüfzeugnissen oder den Zustimmungen im Einzelfall; als Übereinstimmung gilt auch eine Abweichung, die nicht wesentlich ist.

(2) ¹Die Bestätigung der Übereinstimmung erfolgt durch
1. Übereinstimmungserklärung des Herstellers (Art. 21) oder
2. Übereinstimmungszertifikat (Art. 22).
²Die Bestätigung durch Übereinstimmungszertifikat kann in der allgemeinen bauaufsichtlichen Zulassung, in der Zustimmung im Einzelfall oder in der Bauregelliste A vorgeschrieben werden, wenn dies zum Nachweis einer ordnungsgemäßen Herstellung erforderlich ist. ³Bauprodukte, die nicht in Serie hergestellt werden, bedürfen nur der Übereinstimmungserklärung des Herstellers nach Art. 21 Abs. 1, sofern nichts anderes bestimmt ist. ⁴Das Staatsministerium des Innern kann im Einzelfall die Verwendung von Bauprodukten ohne das erforderliche Übereinstimmungszertifi-

kat gestatten, wenn nachgewiesen ist, dass diese Bauprodukte den technischen Regeln, Zulassungen, Prüfzeugnissen oder Zustimmungen nach Abs. 1 entsprechen.

(3) Für Bauarten gelten die Abs. 1 und 2 entsprechend.

(4) Die Übereinstimmungserklärung und die Erklärung, dass ein Übereinstimmungszertifikat erteilt ist, hat der Hersteller durch Kennzeichnung der Bauprodukte mit dem Übereinstimmungszeichen (Ü-Zeichen) unter Hinweis auf den Verwendungszweck abzugeben.

(5) Das Ü-Zeichen ist auf dem Bauprodukt, auf einem Beipackzettel oder auf seiner Verpackung oder, wenn dies Schwierigkeiten bereitet, auf dem Lieferschein oder auf einer Anlage zum Lieferschein anzubringen.

(6) Ü-Zeichen aus anderen Ländern und aus anderen Staaten gelten auch im Freistaat Bayern.

Art. 21 Übereinstimmungserklärung des Herstellers

(1) Der Hersteller darf eine Übereinstimmungserklärung nur abgeben, wenn er durch werkseigene Produktionskontrolle sichergestellt hat, dass das von ihm hergestellte Bauprodukt den maßgebenden technischen Regeln, der allgemeinen bauaufsichtlichen Zulassung, dem allgemeinen bauaufsichtlichen Prüfzeugnis oder der Zustimmung im Einzelfall entspricht.

(2) ¹In den technischen Regeln nach Art. 15 Abs. 2, in der Bauregelliste A, in den allgemeinen bauaufsichtlichen Zulassungen, in den allgemeinen bauaufsichtlichen Prüfzeugnissen oder in den Zustimmungen im Einzelfall kann eine Prüfung der Bauprodukte durch eine Prüfstelle vor Abgabe der Übereinstimmungserklärung vorgeschrieben werden, wenn dies zur Sicherung einer ordnungsgemäßen Herstellung erforderlich ist. ²In diesen Fällen hat die Prüfstelle das Bauprodukt daraufhin zu überprüfen, ob es den maßgebenden technischen Regeln, der allgemeinen bauaufsichtlichen Zulassung, dem allgemeinen bauaufsichtlichen Prüfzeugnis oder der Zustimmung im Einzelfall entspricht.

Art. 22 Übereinstimmungszertifikat

(1) Ein Übereinstimmungszertifikat ist von einer Zertifizierungsstelle nach Art. 23 zu erteilen, wenn das Bauprodukt

1. den maßgebenden technischen Regeln, der allgemeinen bauaufsichtlichen Zulassung, dem allgemeinen bauaufsichtlichen Prüfzeugnis oder der Zustimmung im Einzelfall entspricht und

2. einer werkseigenen Produktionskontrolle sowie einer Fremdüberwachung nach Maßgabe des Abs. 2 unterliegt.

(2) ¹Die Fremdüberwachung ist von Überwachungsstellen nach Art. 23 durchzuführen. ²Die Fremdüberwachung hat regelmäßig zu überprüfen, ob das Bauprodukt den maßgebenden technischen Regeln, der allgemeinen bauaufsichtlichen Zulassung, dem allgemeinen bauaufsichtlichen Prüfzeugnis oder der Zustimmung im Einzelfall entspricht.

Art. 23 Prüf-, Zertifizierungs- und Überwachungsstellen

(1) [1]Das Staatsministerium des Innern kann eine Person, Stelle oder Überwachungsgemeinschaft als

1. Prüfstelle für die Erteilung allgemeiner bauaufsichtlicher Prüfzeugnisse (Art. 17 Abs. 2),

2. Prüfstelle für die Überprüfung von Bauprodukten vor Bestätigung der Übereinstimmung (Art. 21 Abs. 2),

3. Zertifizierungsstelle (Art. 22 Abs. 1),

4. Überwachungsstelle für die Fremdüberwachung (Art. 22 Abs. 2),

5. Überwachungsstelle für die Überwachung nach Art. 15 Abs. 6 oder

6. Prüfstelle für die Überprüfung nach Art. 15 Abs. 5

anerkennen, wenn sie oder die bei ihr Beschäftigten nach ihrer Ausbildung, Fachkenntnis, persönlichen Zuverlässigkeit, ihrer Unparteilichkeit und ihren Leistungen die Gewähr dafür bieten, dass diese Aufgaben den öffentlich-rechtlichen Vorschriften entsprechend wahrgenommen werden, und wenn sie über die erforderlichen Vorrichtungen verfügen. [2]Soweit und solang Stellen im Sinn von Satz 1 von privaten Trägern nicht zur Verfügung stehen, können auch Behörden entsprechend Satz 1 anerkannt werden, wenn sie ausreichend mit geeigneten Fachkräften besetzt und mit den erforderlichen Vorrichtungen ausgestattet sind.

(2) [1]Die Anerkennung von Prüf-, Zertifizierungs- und Überwachungsstellen anderer Länder gilt auch im Freistaat Bayern. [2]Prüf-, Zertifizierungs- und Überwachungsergebnisse von Stellen, die nach Art. 16 Abs. 2 der Bauproduktenrichtlinie von einem anderen Mitgliedstaat der Europäischen Union oder von einem anderen Vertragsstaat des Abkommens über den Europäischen Wirtschaftsraum anerkannt worden sind, stehen den Ergebnissen der in Abs. 1 genannten Stellen gleich. [3]Dies gilt auch für Prüf-, Zertifizierungs- und Überwachungsergebnisse von Stellen anderer Staaten, wenn sie in einem Art. 16 Abs. 2 der Bauproduktenrichtlinie entsprechenden Verfahren anerkannt worden sind.

(3) [1]Das Staatsministerium des Innern erkennt auf Antrag eine Person, Stelle, Überwachungsgemeinschaft oder Behörde als Stelle nach Art. 16 Abs. 2 der Bauproduktenrichtlinie an, wenn in dem in Art. 16 Abs. 2 der Bauproduktenrichtlinie vorgesehenen Verfahren nachgewiesen ist, dass die Person, Stelle, Überwachungsgemeinschaft oder Behörde die Voraussetzungen erfüllt, nach den Vorschriften eines anderen Mitgliedstaates der Europäischen Union oder eines anderen Vertragsstaates des Abkommens über den Europäischen Wirtschaftsraum zu prüfen, zu zertifizieren oder zu überwachen. [2]Dies gilt auch für die Anerkennung von Personen, Stellen, Überwachungsgemeinschaften oder Behörden, die nach den Vorschriften eines anderen Staates zu prüfen, zu zertifizieren oder zu überwachen beabsichtigen, wenn der erforderliche Nachweis in einem Art. 16 Abs. 2 der Bauproduktenrichtlinie entsprechenden Verfahren geführt wird.

Abschnitt IV   Brandverhalten von Baustoffen und Bauteilen; Wände, Decken, Dächer

Art. 24   Allgemeine Anforderungen an das Brandverhalten von Baustoffen und Bauteilen

(1) [1]Baustoffe werden nach den Anforderungen an ihr Brandverhalten unterschieden in

1. nichtbrennbare,
2. schwerentflammbare,
3. normalentflammbare.

[2]Baustoffe, die nicht mindestens normalentflammbar sind (leichtentflammbare Baustoffe), dürfen nicht verwendet werden; das gilt nicht, wenn sie in Verbindung mit anderen Baustoffen nicht leichtentflammbar sind.

(2) [1]Bauteile werden nach den Anforderungen an ihre Feuerwiderstandsfähigkeit unterschieden in

1. feuerbeständige,
2. hochfeuerhemmende,
3. feuerhemmende;

die Feuerwiderstandsfähigkeit bezieht sich bei tragenden und aussteifenden Bauteilen auf deren Standsicherheit im Brandfall, bei raumabschließenden Bauteilen auf deren Widerstand gegen die Brandausbreitung. [2]Bauteile werden zusätzlich nach dem Brandverhalten ihrer Baustoffe unterschieden in

1. Bauteile aus nichtbrennbaren Baustoffen,
2. Bauteile, deren tragende und aussteifende Teile aus nichtbrennbaren Baustoffen bestehen und die bei raumabschließenden Bauteilen zusätzlich eine in Bauteilebene durchgehende Schicht aus nichtbrennbaren Baustoffen haben,
3. Bauteile, deren tragende und aussteifende Teile aus brennbaren Baustoffen bestehen und die allseitig eine brandschutztechnisch wirksame Bekleidung aus nichtbrennbaren Baustoffen (Brandschutzbekleidung) und Dämmstoffe aus nichtbrennbaren Baustoffen haben,
4. Bauteile aus brennbaren Baustoffen.

[3]Soweit in diesem Gesetz oder in Vorschriften auf Grund dieses Gesetzes nichts anderes bestimmt ist, müssen

1. Bauteile, die feuerbeständig sein müssen, mindestens den Anforderungen des Satzes 2 Nr. 2,
2. Bauteile, die hochfeuerhemmend sein müssen, mindestens den Anforderungen des Satzes 2 Nr. 3

entsprechen; das gilt nicht für feuerwiderstandsfähige Abschlüsse von Öffnungen.

Art. 25   Tragende Wände, Stützen

(1) [1]Tragende und aussteifende Wände und Stützen müssen im Brandfall ausreichend lang standsicher sein. [2]Sie müssen

1. in Gebäuden der Gebäudeklasse 5 feuerbeständig,
2. in Gebäuden der Gebäudeklasse 4 hochfeuerhemmend,

3. in Gebäuden der Gebäudeklassen 2 und 3 feuerhemmend

sein. ³Satz 2 gilt

1. für Geschosse im Dachraum nur, wenn darüber noch Aufenthaltsräume möglich sind; Art. 27 Abs. 4 bleibt unberührt,

2. nicht für Balkone, ausgenommen offene Gänge, die als notwendige Flure dienen.

(2) Im Kellergeschoss müssen tragende und aussteifende Wände und Stützen

1. in Gebäuden der Gebäudeklassen 3 bis 5 feuerbeständig,

2. in Gebäuden der Gebäudeklassen 1 und 2 feuerhemmend

sein.

Art. 26 Außenwände

(1) Außenwände und Außenwandteile wie Brüstungen und Schürzen sind so auszubilden, dass eine Brandausbreitung auf und in diesen Bauteilen ausreichend lang begrenzt ist.

(2) ¹Nichttragende Außenwände und nichttragende Teile tragender Außenwände müssen aus nichtbrennbaren Baustoffen bestehen; sie sind aus brennbaren Baustoffen zulässig, wenn sie als raumabschließende Bauteile feuerhemmend sind. ²Satz 1 gilt nicht für brennbare Fensterprofile und Fugendichtungen sowie brennbare Dämmstoffe in nichtbrennbaren geschlossenen Profilen der Außenwandkonstruktion.

(3) ¹Oberflächen von Außenwänden sowie Außenwandbekleidungen müssen einschließlich der Dämmstoffe und Unterkonstruktionen schwerentflammbar sein; Unterkonstruktionen aus normalentflammbaren Baustoffen sind zulässig, wenn die Anforderungen nach Abs. 1 erfüllt sind. ²Balkonbekleidungen, die über die erforderliche Umwehrungshöhe hinaus hochgeführt werden, müssen schwerentflammbar sein.

(4) Bei Außenwandkonstruktionen mit geschossübergreifenden Hohl- oder Lufträumen wie Doppelfassaden sind gegen die Brandausbreitung besondere Vorkehrungen zu treffen; das gilt für hinterlüftete Außenwandbekleidungen entsprechend.

(5) Die Abs. 2, 3 und 4 Halbsatz 2 gelten nicht für Gebäude der Gebäudeklassen 1 bis 3, Abs. 4 Halbsatz 1 nicht für Gebäude der Gebäudeklassen 1 und 2.

Art. 27 Trennwände

(1) Trennwände nach Abs. 2 müssen als raumabschließende Bauteile von Räumen oder Nutzungseinheiten innerhalb von Geschossen ausreichend lang widerstandsfähig gegen die Brandausbreitung sein.

(2) Trennwände sind erforderlich

1. zwischen Nutzungseinheiten sowie zwischen Nutzungseinheiten und anders genutzten Räumen, ausgenommen notwendigen Fluren,

2. zum Abschluss von Räumen mit Explosions- oder erhöhter Brandgefahr,

3. zwischen Aufenthaltsräumen und anders genutzten Räumen im Kellergeschoss.

(3) ¹Trennwände nach Abs. 2 Nrn. 1 und 3 müssen die Feuerwiderstandsfähigkeit der tragenden und aussteifenden Bauteile des Geschosses haben, jedoch mindestens feuerhemmend sein. ²Trennwände nach Abs. 2 Nr. 2 müssen feuerbeständig sein.

(4) Die Trennwände nach Abs. 2 sind bis zur Rohdecke, im Dachraum bis unter die Dachhaut zu führen; werden in Dachräumen Trennwände nur bis zur Rohdecke geführt, ist diese Decke als raumabschließendes Bauteil einschließlich der sie tragenden und aussteifenden Bauteile feuerhemmend herzustellen.

(5) Öffnungen in Trennwänden nach Abs. 2 sind nur zulässig, wenn sie auf die für die Nutzung erforderliche Zahl und Größe beschränkt sind; sie müssen feuerhemmende, dicht- und selbstschließende Abschlüsse haben.

(6) Die Abs. 1 bis 5 gelten nicht für Wohngebäude der Gebäudeklassen 1 und 2.

Art. 28 Brandwände

(1) Brandwände müssen als raumabschließende Bauteile zum Abschluss von Gebäuden (Gebäudeabschlusswand) oder zur Unterteilung von Gebäuden in Brandabschnitte (innere Brandwand) ausreichend lang die Brandausbreitung auf andere Gebäude oder Brandabschnitte verhindern.

(2) Brandwände sind erforderlich

1. als Gebäudeabschlusswand, ausgenommen von Gebäuden ohne Aufenthaltsräume und ohne Feuerstätten mit nicht mehr als 50 m³ Brutto-Rauminhalt, wenn diese Abschlusswände an oder mit einem Abstand bis zu 2,50 m gegenüber der Grundstücksgrenze errichtet werden, es sei denn, dass ein Abstand von mindestens 5 m zu bestehenden oder nach den baurechtlichen Vorschriften zulässigen künftigen Gebäuden gesichert ist,

2. als innere Brandwand zur Unterteilung ausgedehnter Gebäude in Abständen von nicht mehr als 40 m,

3. als innere Brandwand zur Unterteilung land- oder forstwirtschaftlich genutzter Gebäude in Brandabschnitte von nicht mehr als 10 000 m³ Brutto-Rauminhalt,

4. als Gebäudeabschlusswand zwischen Wohngebäuden und angebauten land- oder forstwirtschaftlich genutzten Gebäuden sowie als innere Brandwand zwischen dem Wohnteil und dem land- oder forstwirtschaftlich genutzten Teil eines Gebäudes.

(3) ¹Brandwände müssen auch unter zusätzlicher mechanischer Beanspruchung feuerbeständig sein und aus nichtbrennbaren Baustoffen bestehen. ²An Stelle von Brandwänden nach Satz 1 sind zulässig

1. für Gebäude der Gebäudeklasse 4 Wände, die auch unter zusätzlicher mechanischer Beanspruchung hochfeuerhemmend sind,

2. für Gebäude der Gebäudeklassen 1 bis 3 hochfeuerhemmende Wände,

3. für Gebäude der Gebäudeklassen 1 bis 3 Gebäudeabschlusswände, die jeweils von innen nach außen die Feuerwiderstandsfähigkeit der tragenden und aussteifenden Teile des Gebäudes, mindestens jedoch feuerhemmende Bauteile, und von außen nach innen die Feuerwiderstandsfähigkeit feuerbeständiger Bauteile haben,

4. in den Fällen des Abs. 2 Nr. 4 feuerbeständige Wände, wenn der umbaute Raum des land- oder forstwirtschaftlich genutzten Gebäudes oder Gebäudeteils nicht größer als 2 000 m³ ist.

(4) ¹Brandwände müssen durchgehend und in allen Geschossen und dem Dachraum übereinander angeordnet sein. ²Abweichend davon dürfen an Stelle innerer Brandwände Wände geschossweise versetzt angeordnet werden, wenn

1. die Wände im Übrigen Abs. 3 Satz 1 entsprechen,

2. die Decken, soweit sie in Verbindung mit diesen Wänden stehen, feuerbeständig sind, aus nichtbrennbaren Baustoffen bestehen und keine Öffnungen haben,

3. die Bauteile, die diese Wände und Decken unterstützen, feuerbeständig sind und aus nichtbrennbaren Baustoffen bestehen,

4. die Außenwände in der Breite des Versatzes in dem Geschoss oberhalb oder unterhalb des Versatzes feuerbeständig sind und

5. Öffnungen in den Außenwänden im Bereich des Versatzes so angeordnet oder andere Vorkehrungen so getroffen sind, dass eine Brandausbreitung in andere Brandabschnitte nicht zu befürchten ist.

(5) ¹Brandwände sind 0,30 m über die Bedachung zu führen oder in Höhe der Dachhaut mit einer beiderseits 0,50 m auskragenden feuerbeständigen Platte aus nichtbrennbaren Baustoffen abzuschließen; darüber dürfen brennbare Teile des Dachs nicht hinweggeführt werden. ²Bei Gebäuden der Gebäudeklassen 1 bis 3 sind Brandwände mindestens bis unter die Dachhaut zu führen. ³Verbleibende Hohlräume sind vollständig mit nichtbrennbaren Baustoffen auszufüllen.

(6) Müssen Gebäude oder Gebäudeteile, die über Eck zusammenstoßen, durch eine Brandwand getrennt werden, so muss der Abstand dieser Wand von der inneren Ecke mindestens 5 m betragen; das gilt nicht, wenn der Winkel der inneren Ecke mehr als 120 Grad beträgt oder mindestens eine Außenwand auf 5 m Länge als öffnungslose feuerbeständige Wand aus nichtbrennbaren Baustoffen ausgebildet ist.

(7) ¹Bauteile mit brennbaren Baustoffen dürfen über Brandwände nicht hinweggeführt werden. ²Außenwandkonstruktionen, die eine seitliche Brandausbreitung begünstigen können, wie Doppelfassaden, hinterlüftete Außenwandbekleidungen oder Außenwandbekleidungen mit brennbaren Baustoffen, dürfen ohne besondere Vorkehrungen über Brandwände nicht hinweggeführt werden. ³Bauteile dürfen in Brandwände nur so weit eingreifen, dass deren Feuerwiderstandsfähigkeit nicht beeinträchtigt wird; für Leitungen, Leitungsschlitze und Kamine gilt dies entsprechend.

(8) ¹Öffnungen in Brandwänden sind unzulässig. ²Sie sind in inneren Brandwänden nur zulässig, wenn sie auf die für die Nutzung erforderliche Zahl und Größe beschränkt sind; die Öffnungen müssen feuerbeständige, dicht- und selbstschließende Abschlüsse haben.

(9) In inneren Brandwänden sind feuerbeständige Verglasungen nur zulässig, wenn sie auf die für die Nutzung erforderliche Zahl und Größe beschränkt sind.

(10) Abs. 2 Nr. 1 gilt nicht für seitliche Wände von Vorbauten im Sinn des Art. 6 Abs. 8, wenn sie von dem Nachbargebäude oder der Nachbargrenze einen Abstand einhalten, der ihrer eigenen Ausladung entspricht, mindestens jedoch 1 m beträgt.

(11) Die Abs. 4 bis 10 gelten entsprechend auch für Wände, die an Stelle von Brandwänden zulässig sind.

Art. 29 Decken

(1) [1]Decken müssen als tragende und raumabschließende Bauteile zwischen Geschossen im Brandfall ausreichend lang standsicher und widerstandsfähig gegen die Brandausbreitung sein. [2]Sie müssen
1. in Gebäuden der Gebäudeklasse 5 feuerbeständig,
2. in Gebäuden der Gebäudeklasse 4 hochfeuerhemmend,
3. in Gebäuden der Gebäudeklassen 2 und 3 feuerhemmend,

sein. [3]Satz 2 gilt
1. für Geschosse im Dachraum nur, wenn darüber Aufenthaltsräume möglich sind; Art. 27 Abs. 4 bleibt unberührt,
2. nicht für Balkone, ausgenommen offene Gänge, die als notwendige Flure dienen.

(2) [1]Im Kellergeschoss müssen Decken
1. in Gebäuden der Gebäudeklassen 3 bis 5 feuerbeständig,
2. in Gebäuden der Gebäudeklassen 1 und 2 feuerhemmend

sein. [2]Decken müssen feuerbeständig sein
1. unter und über Räumen mit Explosions- oder erhöhter Brandgefahr, ausgenommen in Wohngebäuden der Gebäudeklassen 1 und 2,
2. zwischen dem land- oder forstwirtschaftlich genutzten Teil und dem Wohnteil eines Gebäudes.

(3) Der Anschluss der Decken an die Außenwand ist so herzustellen, dass er den Anforderungen aus Abs. 1 Satz 1 genügt.

(4) Öffnungen in Decken, für die eine Feuerwiderstandsfähigkeit vorgeschrieben ist, sind nur zulässig
1. in Gebäuden der Gebäudeklassen 1 und 2,
2. innerhalb derselben Nutzungseinheit mit insgesamt nicht mehr als 400 m² in nicht mehr als zwei Geschossen,
3. im Übrigen, wenn sie auf die für die Nutzung erforderliche Zahl und Größe beschränkt sind und Abschlüsse mit der Feuerwiderstandsfähigkeit der Decke haben.

Art. 30 Dächer

(1) Bedachungen müssen gegen eine Brandbeanspruchung von außen durch Flugfeuer und strahlende Wärme ausreichend lang widerstandsfähig sein (harte Bedachung).

(2) [1]Bedachungen, die die Anforderungen nach Abs. 1 nicht erfüllen, sind zulässig bei Gebäuden der Gebäudeklassen 1 bis 3, wenn die Gebäude
1. einen Abstand von der Grundstücksgrenze von mindestens 12 m,
2. von Gebäuden auf demselben Grundstück mit harter Bedachung einen Abstand von mindestens 12 m,
3. von Gebäuden auf demselben Grundstück mit Bedachungen, die die Anforderungen nach Abs. 1 nicht erfüllen, einen Abstand von mindestens 24 m,

4. von Gebäuden auf demselben Grundstück ohne Aufenthaltsräume und ohne Feuerstätten mit nicht mehr als 50 m³ Brutto-Rauminhalt einen Abstand von mindestens 5 m

einhalten. ²Soweit Gebäude nach Satz 1 Abstand halten müssen, genügt bei Wohngebäuden der Gebäudeklassen 1 und 2 in den Fällen

1. der Nrn. 1 und 2 ein Abstand von mindestens 9 m,

2. der Nr. 3 ein Abstand von mindestens 12 m.

(3) Die Abs. 1 und 2 gelten nicht für

1. Gebäude ohne Aufenthaltsräume und ohne Feuerstätten mit nicht mehr als 50 m³ Brutto-Rauminhalt,

2. lichtdurchlässige Bedachungen aus nichtbrennbaren Baustoffen; brennbare Fugendichtungen und brennbare Dämmstoffe in nichtbrennbaren Profilen sind zulässig,

3. Lichtkuppeln und Oberlichte von Wohngebäuden,

4. Eingangsüberdachungen und Vordächer aus nichtbrennbaren Baustoffen,

5. Eingangsüberdachungen aus brennbaren Baustoffen, wenn die Eingänge nur zu Wohnungen führen.

(4) Abweichend von den Abs. 1 und 2 sind

1. lichtdurchlässige Teilflächen aus brennbaren Baustoffen in Bedachungen nach Abs. 1 und

2. begrünte Bedachungen

zulässig, wenn eine Brandentstehung bei einer Brandbeanspruchung von außen durch Flugfeuer und strahlende Wärme nicht zu befürchten ist oder Vorkehrungen hiergegen getroffen werden.

(5) ¹Dachüberstände, Dachgesimse und Dachaufbauten, lichtdurchlässige Bedachungen, Lichtkuppeln und Oberlichte sind so anzuordnen und herzustellen, dass Feuer nicht auf andere Gebäudeteile und Nachbargrundstücke übertragen werden kann. ²Von Brandwänden und von Wänden, die an Stelle von Brandwänden zulässig sind, müssen mindestens 1,25 m entfernt sein

1. Oberlichte, Lichtkuppeln und Öffnungen in der Bedachung, wenn diese Wände nicht mindestens 0,30 m über die Bedachung geführt sind,

2. Dachgauben und ähnliche Dachaufbauten aus brennbaren Baustoffen, wenn sie nicht durch diese Wände gegen Brandübertragung geschützt sind.

(6) ¹Dächer von traufseitig aneinandergebauten Gebäuden müssen als raumabschließende Bauteile für eine Brandbeanspruchung von innen nach außen einschließlich der sie tragenden und aussteifenden Bauteile feuerhemmend sein. ²Öffnungen in diesen Dachflächen müssen waagerecht gemessen mindestens 1,25 m von der Brandwand oder der Wand, die an Stelle der Brandwand zulässig ist, entfernt sein.

(7) ¹Dächer von Anbauten, die an Außenwände mit Öffnungen oder ohne Feuerwiderstandsfähigkeit anschließen, müssen innerhalb eines Abstands von 5 m von diesen Wänden als raumabschließende Bauteile für eine Brandbeanspruchung von innen nach außen einschließlich der sie tragenden und aussteifenden Bauteile die Feuerwiderstandsfähigkeit der Decken des Gebäudeteils haben, an den sie angebaut werden. ²Das gilt nicht für Anbauten an Wohngebäude der Gebäudeklassen 1 bis 3.

(8) Für vom Dach aus vorzunehmende Arbeiten sind sicher benutzbare Vorrichtungen anzubringen.

Abschnitt V Rettungswege, Öffnungen, Umwehrungen

Art. 31 Erster und zweiter Rettungsweg

(1) Für Nutzungseinheiten mit mindestens einem Aufenthaltsraum wie Wohnungen, Praxen, selbstständige Betriebsstätten müssen in jedem Geschoss mindestens zwei voneinander unabhängige Rettungswege ins Freie vorhanden sein; beide Rettungswege dürfen jedoch innerhalb des Geschosses über denselben notwendigen Flur führen.

(2) [1]Für Nutzungseinheiten nach Abs. 1, die nicht zu ebener Erde liegen, muss der erste Rettungsweg über eine notwendige Treppe führen. [2]Der zweite Rettungsweg kann eine weitere notwendige Treppe oder eine mit Rettungsgeräten der Feuerwehr erreichbare Stelle der Nutzungseinheit sein. [3]Ein zweiter Rettungsweg ist nicht erforderlich, wenn die Rettung über einen sicher erreichbaren Treppenraum möglich ist, in den Feuer und Rauch nicht eindringen können (Sicherheitstreppenraum).

(3) [1]Gebäude, deren zweiter Rettungsweg über Rettungsgeräte der Feuerwehr führt und bei denen die Oberkante der Brüstung von zum Anleitern bestimmten Fenstern oder Stellen mehr als 8 m über der Geländeoberfläche liegt, dürfen nur errichtet werden, wenn die Feuerwehr über die erforderlichen Rettungsgeräte wie Hubrettungsfahrzeuge verfügt. [2]Bei Sonderbauten ist der zweite Rettungsweg über Rettungsgeräte der Feuerwehr nur zulässig, wenn keine Bedenken wegen der Personenrettung bestehen.

Art. 32 Treppen

(1) [1]Jedes nicht zu ebener Erde liegende Geschoss und der benutzbare Dachraum eines Gebäudes müssen über mindestens eine Treppe zugänglich sein (notwendige Treppe). [2]Statt notwendiger Treppen sind Rampen mit flacher Neigung zulässig.

(2) [1]Einschiebbare Treppen und Rolltreppen sind als notwendige Treppen unzulässig. [2]In Gebäuden der Gebäudeklassen 1 und 2 sind einschiebbare Treppen und Leitern als Zugang zu einem Dachraum ohne Aufenthaltsraum zulässig.

(3) [1]Notwendige Treppen sind in einem Zuge zu allen angeschlossenen Geschossen zu führen; sie müssen mit den Treppen zum Dachraum unmittelbar verbunden sein. [2]Das gilt nicht für Treppen

1. in Gebäuden der Gebäudeklassen 1 bis 3,
2. nach Art. 33 Abs. 1 Satz 3 Nr. 2.

(4) [1]Die tragenden Teile notwendiger Treppen müssen

1. in Gebäuden der Gebäudeklasse 5 feuerhemmend und aus nichtbrennbaren Baustoffen,
2. in Gebäuden der Gebäudeklasse 4 aus nichtbrennbaren Baustoffen,

3. in Gebäuden der Gebäudeklasse 3 aus nichtbrennbaren Baustoffen oder feuerhemmend

sein. [2]Tragende Teile von Außentreppen nach Art. 33 Abs. 1 Satz 3 Nr. 3 für Gebäude der Gebäudeklassen 3 bis 5 müssen aus nichtbrennbaren Baustoffen bestehen.

(5) Die nutzbare Breite der Treppenläufe und Treppenabsätze notwendiger Treppen muss für den größten zu erwartenden Verkehr ausreichen.

(6) [1]Treppen müssen einen festen und griffsicheren Handlauf haben. [2]Für Treppen sind Handläufe auf beiden Seiten und Zwischenhandläufe vorzusehen, soweit die Verkehrssicherheit dies erfordert.

Art. 33 Notwendige Treppenräume, Ausgänge

(1) [1]Jede notwendige Treppe muss zur Sicherstellung der Rettungswege aus den Geschossen ins Freie in einem eigenen, durchgehenden Treppenraum liegen (notwendiger Treppenraum). [2]Notwendige Treppenräume müssen so angeordnet und ausgebildet sein, dass die Nutzung der notwendigen Treppen im Brandfall ausreichend lang möglich ist. [3]Notwendige Treppen sind ohne eigenen Treppenraum zulässig

1. in Gebäuden der Gebäudeklassen 1 und 2,

2. für die Verbindung von höchstens zwei Geschossen innerhalb derselben Nutzungseinheit von insgesamt nicht mehr als 200 m^2, wenn in jedem Geschoss ein anderer Rettungsweg erreicht werden kann,

3. als Außentreppe, wenn ihre Nutzung ausreichend sicher ist und im Brandfall nicht gefährdet werden kann.

(2) [1]Von jeder Stelle eines Aufenthaltsraums sowie eines Kellergeschosses muss mindestens ein Ausgang in einen notwendigen Treppenraum oder ins Freie in höchstens 35 m Entfernung erreichbar sein; das gilt nicht für land- oder forstwirtschaftlich genutzte Gebäude. [2]Übereinanderliegende Kellergeschosse müssen jeweils mindestens zwei Ausgänge in notwendige Treppenräume oder ins Freie haben. [3]Sind mehrere notwendige Treppenräume erforderlich, müssen sie so verteilt sein, dass sie möglichst entgegengesetzt liegen und dass die Rettungswege möglichst kurz sind.

(3) [1]Jeder notwendige Treppenraum muss einen unmittelbaren Ausgang ins Freie haben. [2]Sofern der Ausgang eines notwendigen Treppenraums nicht unmittelbar ins Freie führt, muss der Raum zwischen dem notwendigen Treppenraum und dem Ausgang ins Freie

1. mindestens so breit sein wie die dazugehörigen Treppenläufe,

2. Wände haben, die die Anforderungen an die Wände des Treppenraums erfüllen,

3. rauchdichte und selbstschließende Abschlüsse zu notwendigen Fluren haben und

4. ohne Öffnungen zu anderen Räumen, ausgenommen zu notwendigen Fluren, sein.

(4) [1]Die Wände notwendiger Treppenräume müssen als raumabschließende Bauteile

1. in Gebäuden der Gebäudeklasse 5 die Bauart von Brandwänden haben,

2. in Gebäuden der Gebäudeklasse 4 auch unter zusätzlicher mechanischer Beanspruchung hochfeuerhemmend und

3. in Gebäuden der Gebäudeklasse 3 feuerhemmend

sein. [2]Dies ist nicht erforderlich für Außenwände von Treppenräumen, die aus nichtbrennbaren Baustoffen bestehen und durch andere an diese Außenwände anschließende Gebäudeteile im Brandfall nicht gefährdet werden können. [3]Der obere Abschluss notwendiger Treppenräume muss als raumabschließendes Bauteil die Feuerwiderstandsfähigkeit der Decken des Gebäudes haben; das gilt nicht, wenn der obere Abschluss das Dach ist und die Treppenraumwände bis unter die Dachhaut reichen.

(5) In notwendigen Treppenräumen und in Räumen nach Abs. 3 Satz 2 müssen

1. Bekleidungen, Putze, Dämmstoffe, Unterdecken und Einbauten aus nichtbrennbaren Baustoffen bestehen,

2. Wände und Decken aus brennbaren Baustoffen eine Bekleidung aus nichtbrennbaren Baustoffen in ausreichender Dicke haben,

3. Bodenbeläge, ausgenommen Gleitschutzprofile, aus mindestens schwerentflammbaren Baustoffen bestehen.

(6) [1]In notwendigen Treppenräumen müssen Öffnungen

1. zu Kellergeschossen, zu nicht ausgebauten Dachräumen, Werkstätten, Läden, Lager- und ähnlichen Räumen sowie zu sonstigen Räumen und Nutzungseinheiten mit mehr als 200 m², ausgenommen Wohnungen, mindestens feuerhemmende, rauchdichte und selbstschließende Abschlüsse,

2. zu notwendigen Fluren rauchdichte und selbstschließende Abschlüsse,

3. zu sonstigen Räumen und Nutzungseinheiten mindestens vollwandige, dicht- und selbstschließende Abschlüsse

haben. [2]Die Feuerschutz- und Rauchschutzabschlüsse dürfen lichtdurchlässige Seitenteile und Oberlichte enthalten, wenn der Abschluss insgesamt nicht breiter als 2,50 m ist.

(7) [1]Notwendige Treppenräume müssen zu beleuchten sein. [2]Innenliegende notwendige Treppenräume müssen in Gebäuden mit einer Höhe nach Art. 2 Abs. 3 Satz 2 von mehr als 13 m eine Sicherheitsbeleuchtung haben.

(8) [1]Notwendige Treppenräume müssen belüftet werden können. [2]Sie müssen in jedem oberirdischen Geschoss unmittelbar ins Freie führende Fenster mit einem freien Querschnitt von mindestens 0,50 m² haben, die geöffnet werden können. [3]Für innenliegende notwendige Treppenräume und notwendige Treppenräume in Gebäuden mit einer Höhe nach Art. 2 Abs. 3 Satz 2 von mehr als 13 m ist an der obersten Stelle eine Öffnung zur Rauchableitung mit einem freien Querschnitt von mindestens 1 m² erforderlich; sie muss vom Erdgeschoss sowie vom obersten Treppenabsatz aus geöffnet werden können.

Art. 34 Notwendige Flure, offene Gänge

(1) [1]Flure, über die Rettungswege aus Aufenthaltsräumen oder aus Nutzungseinheiten mit Aufenthaltsräumen zu Ausgängen in notwendige Treppenräume oder ins Freie führen (notwendige Flure), müssen so angeordnet und ausgebildet sein, dass die Nutzung im Brandfall ausreichend lang möglich ist. [2]Notwendige Flure sind nicht erforderlich

1. in Wohngebäuden der Gebäudeklassen 1 und 2,
2. in sonstigen Gebäuden der Gebäudeklassen 1 und 2, ausgenommen in Kellergeschossen,
3. innerhalb von Wohnungen oder innerhalb von Nutzungseinheiten mit nicht mehr als 200 m^2,
4. innerhalb von Nutzungseinheiten, die einer Büro- oder Verwaltungsnutzung dienen, mit nicht mehr als 400 m^2; das gilt auch für Teile größerer Nutzungseinheiten, wenn diese Teile nicht größer als 400 m^2 sind, Trennwände nach Art. 27 Abs. 2 Nr. 1 haben und jeder Teil unabhängig von anderen Teilen Rettungswege nach Art. 31 Abs. 1 hat.

(2) [1]Notwendige Flure müssen so breit sein, dass sie für den größten zu erwartenden Verkehr ausreichen. [2]In den Fluren ist eine Folge von weniger als drei Stufen unzulässig.

(3) [1]Notwendige Flure sind durch nichtabschließbare, rauchdichte und selbstschließende Abschlüsse in Rauchabschnitte zu unterteilen. [2]Die Rauchabschnitte sollen nicht länger als 30 m sein. [3]Die Abschlüsse sind bis an die Rohdecke zu führen; sie dürfen bis an die Unterdecke der Flure geführt werden, wenn die Unterdecke feuerhemmend ist. [4]Notwendige Flure mit nur einer Fluchtrichtung, die zu einem Sicherheitstreppenraum führen, dürfen nicht länger als 15 m sein. [5]Die Sätze 1 bis 4 gelten nicht für notwendige Flure, die als offene Gänge vor den Außenwänden angeordnet sind.

(4) [1]Die Wände notwendiger Flure müssen als raumabschließende Bauteile feuerhemmend, in Kellergeschossen, deren tragende und aussteifende Bauteile feuerbeständig sein müssen, feuerbeständig sein. [2]Die Wände sind bis an die Rohdecke zu führen. [3]Sie dürfen bis an die Unterdecke der Flure geführt werden, wenn die Unterdecke feuerhemmend und ein demjenigen nach Satz 1 vergleichbarer Raumabschluss sichergestellt ist. [4]Türen in diesen Wänden müssen dicht schließen; Öffnungen zu Lagerbereichen im Kellergeschoss müssen feuerhemmende, dicht- und selbstschließende Abschlüsse haben.

(5) [1]Für Wände und Brüstungen notwendiger Flure mit nur einer Fluchtrichtung, die als offene Gänge vor den Außenwänden angeordnet sind, gilt Abs. 4 entsprechend. [2]Fenster sind in diesen Außenwänden ab einer Brüstungshöhe von 0,90 m zulässig.

(6) In notwendigen Fluren sowie in offenen Gängen nach Abs. 5 müssen

1. Bekleidungen, Putze, Unterdecken und Dämmstoffe aus nichtbrennbaren Baustoffen bestehen,
2. Wände und Decken aus brennbaren Baustoffen eine Bekleidung aus nichtbrennbaren Baustoffen in ausreichender Dicke haben.

Art. 35 Fenster, Türen, sonstige Öffnungen

(1) [1]Glastüren und andere Glasflächen, die bis zum Fußboden allgemein zugänglicher Verkehrsflächen herabreichen, sind so zu kennzeichnen, dass sie leicht erkannt werden können. [2]Weitere Schutzmaßnahmen sind für größere Glasflächen vorzusehen, wenn dies die Verkehrssicherheit erfordert.

(2) Eingangstüren von Wohnungen, die über Aufzüge erreichbar sein müssen, müssen eine lichte Durchgangsbreite von mindestens 0,90 m haben.

(3) [1]Jedes Kellergeschoss ohne Fenster muss mindestens eine Öffnung ins Freie haben, um eine Rauchableitung zu ermöglichen. [2]Gemeinsame Kellerlichtschächte für übereinander liegende Kellergeschosse sind unzulässig.

(4) [1]Fenster, die als Rettungswege nach Art. 31 Abs. 2 Satz 2 dienen, müssen in der Breite mindestens 0,60 m, in der Höhe mindestens 1 m groß, von innen zu öffnen und nicht höher als 1,20 m über der Fußbodenoberkante angeordnet sein. [2]Liegen diese Fenster in Dachschrägen oder Dachaufbauten, so darf ihre Unterkante oder ein davor liegender Austritt von der Traufkante horizontal gemessen nicht mehr als 1 m entfernt sein.

Art. 36 Umwehrungen

(1) In, an und auf baulichen Anlagen sind zu umwehren

1. Flächen, die im Allgemeinen zum Begehen bestimmt sind und unmittelbar an mehr als 0,50 m tiefer liegende Flächen angrenzen; das gilt nicht, wenn die Umwehrung dem Zweck der Flächen widerspricht,

2. Dächer, die zum Aufenthalt von Menschen bestimmt sind, sowie Öffnungen und nicht begehbare Flächen in diesen Dächern und in begehbaren Decken, soweit sie nicht sicher abgedeckt oder gegen Betreten gesichert sind,

3. die freien Seiten von Treppenläufen, Treppenabsätzen und Treppenöffnungen (Treppenaugen); Fenster, die unmittelbar an Treppen und deren Brüstungen unter der notwendigen Umwehrungshöhe liegen, sind zu sichern.

(2) [1]Die Umwehrungen müssen ausreichend hoch und fest sein. [2]Ist mit der Anwesenheit unbeaufsichtigter Kleinkinder auf der zu sichernden Fläche üblicherweise zu rechnen, müssen Umwehrungen so ausgebildet werden, dass sie Kleinkindern das Über- oder Durchklettern nicht erleichtern; das gilt nicht innerhalb von Wohngebäuden der Gebäudeklassen 1 und 2 und innerhalb von Wohnungen.

Abschnitt VI Technische Gebäudeausrüstung

Art. 37 Aufzüge

(1) [1]Aufzüge im Innern von Gebäuden müssen eigene Fahrschächte haben, um eine Brandausbreitung in andere Geschosse ausreichend lang zu verhindern. [2]In einem Fahrschacht dürfen bis zu drei Aufzüge liegen. [3]Aufzüge ohne eigene Fahrschächte sind zulässig

1. innerhalb eines notwendigen Treppenraums, ausgenommen in Hochhäusern,

2. innerhalb von Räumen, die Geschosse überbrücken,

3. zur Verbindung von Geschossen, die offen miteinander in Verbindung stehen dürfen,

4. in Gebäuden der Gebäudeklassen 1 und 2;

sie müssen sicher umkleidet sein.

(2) [1]Die Fahrschachtwände müssen als raumabschließende Bauteile

1. in Gebäuden der Gebäudeklasse 5 feuerbeständig und aus nichtbrennbaren Baustoffen,

2. in Gebäuden der Gebäudeklasse 4 hochfeuerhemmend,

3. in Gebäuden der Gebäudeklasse 3 feuerhemmend

sein; Fahrschachtwände aus brennbaren Baustoffen müssen schachtseitig eine Bekleidung aus nichtbrennbaren Baustoffen in ausreichender Dicke haben. [2]Fahrschachttüren und andere Öffnungen in Fahrschachtwänden mit erforderlicher Feuerwiderstandsfähigkeit sind so herzustellen, dass die Anforderungen nach Abs. 1 Satz 1 nicht beeinträchtigt werden.

(3) [1]Fahrschächte müssen zu lüften sein und eine Öffnung zur Rauchableitung mit einem freien Querschnitt von mindestens 2,5 v. H. der Fahrschachtgrundfläche, mindestens jedoch 0,10 m^2 haben. [2]Die Lage der Rauchaustrittsöffnungen muss so gewählt werden, dass der Rauchaustritt durch Windeinfluss nicht beeinträchtigt wird.

(4) [1]Gebäude mit einer Höhe nach Art. 2 Abs. 3 Satz 2 von mehr als 13 m müssen Aufzüge in ausreichender Zahl haben. [2]Von diesen Aufzügen muss mindestens ein Aufzug Kinderwagen, Rollstühle, Krankentragen und Lasten aufnehmen können und Haltestellen in allen Geschossen haben. [3]Dieser Aufzug muss von allen Wohnungen in dem Gebäude und von der öffentlichen Verkehrsfläche aus stufenlos erreichbar sein. [4]Art. 48 Abs. 4 Sätze 1 bis 5 gelten entsprechend. [5]Haltestellen im obersten Geschoss, im Erdgeschoss und in den Kellergeschossen sind nicht erforderlich, wenn sie nur unter besonderen Schwierigkeiten hergestellt werden können.

(5) [1]Fahrkörbe zur Aufnahme einer Krankentrage müssen eine nutzbare Grundfläche von mindestens 1,10 m × 2,10 m, zur Aufnahme eines Rollstuhls von mindestens 1,10 m × 1,40 m haben; Türen müssen eine lichte Durchgangsbreite von mindestens 0,90 m haben. [2]In einem Aufzug für Rollstühle und Krankentragen darf der für Rollstühle nicht erforderliche Teil der Fahrkorbgrundfläche durch eine verschließbare Tür abgesperrt werden. [3]Vor den Aufzügen muss eine ausreichende Bewegungsfläche vorhanden sein.

Art. 38 Leitungsanlagen, Installationsschächte und -kanäle

(1) Leitungen dürfen durch raumabschließende Bauteile, für die eine Feuerwiderstandsfähigkeit vorgeschrieben ist, nur hindurchgeführt werden, wenn eine Brandausbreitung ausreichend lang nicht zu befürchten ist oder Vorkehrungen hiergegen getroffen sind; das gilt nicht für Decken

1. in Gebäuden der Gebäudeklassen 1 und 2,

2. innerhalb von Wohnungen,

3. innerhalb derselben Nutzungseinheit mit insgesamt nicht mehr als 400 m^2 in nicht mehr als zwei Geschossen.

(2) In notwendigen Treppenräumen, in Räumen nach Art. 33 Abs. 3 Satz 2 und in notwendigen Fluren sind Leitungsanlagen nur zulässig, wenn eine Nutzung als Rettungsweg im Brandfall ausreichend lang möglich ist.

(3) Für Installationsschächte und -kanäle gelten Abs. 1 sowie Art. 39 Abs. 2 Satz 1 und Abs. 3 entsprechend.

Art. 39 Lüftungsanlagen

(1) Lüftungsanlagen müssen betriebssicher und brandsicher sein; sie dürfen den ordnungsgemäßen Betrieb von Feuerungsanlagen nicht beeinträchtigen.

(2) [1]Lüftungsleitungen sowie deren Bekleidungen und Dämmstoffe müssen aus nichtbrennbaren Baustoffen bestehen; brennbare Baustoffe sind zulässig, wenn ein Beitrag der Lüftungsleitung zur Brandentstehung und Brandweiterleitung nicht zu befürchten ist. [2]Lüftungsleitungen dürfen raumabschließende Bauteile, für die eine Feuerwiderstandsfähigkeit vorgeschrieben ist, nur überbrücken, wenn eine Brandausbreitung ausreichend lang nicht zu befürchten ist oder wenn Vorkehrungen hiergegen getroffen sind.

(3) Lüftungsanlagen sind so herzustellen, dass sie Gerüche und Staub nicht in andere Räume übertragen.

(4) [1]Lüftungsanlagen dürfen nicht in Abgasanlagen eingeführt werden; die gemeinsame Nutzung von Lüftungsleitungen zur Lüftung und zur Ableitung der Abgase von Feuerstätten ist zulässig, wenn keine Bedenken wegen der Betriebssicherheit und des Brandschutzes bestehen. [2]Die Abluft ist ins Freie zu führen. [3]Nicht zur Lüftungsanlage gehörende Einrichtungen sind in Lüftungsleitungen unzulässig.

(5) Die Abs. 2 und 3 gelten nicht
1. für Gebäude der Gebäudeklassen 1 und 2,
2. innerhalb von Wohnungen,
3. innerhalb derselben Nutzungseinheit mit insgesamt nicht mehr als 400 m² in nicht mehr als zwei Geschossen.

(6) Für raumlufttechnische Anlagen und Warmluftheizungen gelten die Abs. 1 bis 5 entsprechend.

Art. 40 Feuerungsanlagen, sonstige Anlagen zur Wärmeerzeugung, Brennstoffversorgung

(1) Feuerstätten und Abgasanlagen (Feuerungsanlagen) müssen betriebssicher und brandsicher sein.

(2) Feuerstätten dürfen in Räumen nur aufgestellt werden, wenn nach der Art der Feuerstätte und nach Lage, Größe, baulicher Beschaffenheit und Nutzung der Räume Gefahren nicht entstehen.

(3) [1]Abgase von Feuerstätten sind durch Abgasleitungen, Kamine und Verbindungsstücke (Abgasanlagen) so abzuführen, dass keine Gefahren oder unzumutbaren Belästigungen entstehen. [2]Abgasanlagen sind in solcher Zahl und Lage und so herzustellen, dass die Feuerstätten des Gebäudes ordnungsgemäß angeschlossen werden können. [3]Sie müssen leicht gereinigt werden können.

(4) [1]Behälter und Rohrleitungen für brennbare Gase und Flüssigkeiten müssen betriebssicher und brandsicher sein. [2]Diese Behälter sowie feste Brennstoffe sind so

aufzustellen oder zu lagern, dass keine Gefahren oder unzumutbaren Belästigungen entstehen.

(5) Für die Aufstellung von ortsfesten Verbrennungsmotoren, Blockheizkraftwerken, Brennstoffzellen und Verdichtern sowie die Ableitung ihrer Verbrennungsgase gelten die Abs. 1 bis 3 entsprechend.

Art. 41 Nicht an Sammelkanalisationen angeschlossene Anwesen

(1) Die einwandfreie Beseitigung des Abwassers einschließlich des Fäkalschlamms innerhalb und außerhalb des Grundstücks muss gesichert sein.

(2) Hausabwässer aus abgelegenen landwirtschaftlichen Anwesen oder abgelegenen Anwesen, die früher einem landwirtschaftlichen Betrieb dienten und deren Hausabwässer bereits in Gruben eingeleitet worden sind, dürfen in Gruben eingeleitet werden, wenn

1. das Abwasser in einer Mehrkammerausfaulgrube vorbehandelt wird und
2. die ordnungsgemäße Entsorgung oder Verwertung des geklärten Abwassers und des Fäkalschlamms gesichert ist.

(3) [1]Für die Einleitung von Hausabwässern aus abgelegenen landwirtschaftlichen Anwesen in Biogasanlagen gilt Abs. 2 entsprechend. [2]Die Vorbehandlung in einer Mehrkammerausfaulgrube ist nicht erforderlich, wenn durch den Betrieb der Biogasanlage eine gleichwertige Hygienisierung sichergestellt ist.

Art. 42 Sanitäre Anlagen

Fensterlose Bäder und Toiletten sind nur zulässig, wenn eine wirksame Lüftung gewährleistet ist.

Art. 43 Aufbewahrung fester Abfallstoffe

Feste Abfallstoffe dürfen innerhalb von Gebäuden vorübergehend aufbewahrt werden, in Gebäuden der Gebäudeklassen 3 bis 5 jedoch nur, wenn die dafür bestimmten Räume

1. Trennwände und Decken als raumabschließende Bauteile mit der Feuerwiderstandsfähigkeit der tragenden Wände und
2. Öffnungen vom Gebäudeinnern zum Aufstellraum mit feuerhemmenden, dicht- und selbstschließenden Abschlüssen haben,
3. unmittelbar vom Freien entleert werden können und
4. eine ständig wirksame Lüftung haben.

Art. 44 Blitzschutzanlagen

Bauliche Anlagen, bei denen nach Lage, Bauart oder Nutzung Blitzschlag leicht eintreten oder zu schweren Folgen führen kann, sind mit dauernd wirksamen Blitzschutzanlagen zu versehen.

Abschnitt VII   Nutzungsbedingte Anforderungen

Art. 45   Aufenthaltsräume

(1) [1]Aufenthaltsräume müssen eine lichte Raumhöhe von mindestens 2,40 m, im Dachgeschoss über der Hälfte ihrer Nutzfläche 2,20 m haben, wobei Raumteile mit einer lichten Höhe unter 1,50 m außer Betracht bleiben. [2]Das gilt nicht für Aufenthaltsräume in Wohngebäuden der Gebäudeklassen 1 und 2.

(2) [1]Aufenthaltsräume müssen ausreichend belüftet und mit Tageslicht belichtet werden können. [2]Sie müssen Fenster mit einem Rohbaumaß der Fensteröffnungen von mindestens einem Achtel der Netto-Grundfläche des Raums einschließlich der Netto-Grundfläche verglaster Vorbauten und Loggien haben.

(3) Aufenthaltsräume, deren Nutzung eine Belichtung mit Tageslicht verbietet, sowie Verkaufsräume, Schank- und Speisegaststätten, ärztliche Behandlungs-, Sport-, Spiel-, Werk- und ähnliche Räume sind ohne Fenster zulässig.

Art. 46   Wohnungen

(1) [1]Jede Wohnung muss eine Küche oder Kochnische haben. [2]Fensterlose Küchen oder Kochnischen sind zulässig, wenn eine wirksame Lüftung gewährleistet ist.

(2) Für Gebäude der Gebäudeklassen 3 bis 5 sind für jede Wohnung ein ausreichend großer Abstellraum und, soweit die Wohnungen nicht nur zu ebener Erde liegen, leicht erreichbare und gut zugängliche Abstellräume für Kinderwagen, Fahrräder und Mobilitätshilfen erforderlich.

(3) Jede Wohnung muss ein Bad mit Badewanne oder Dusche und eine Toilette haben.

Art. 47   Stellplätze

(1) [1]Werden Anlagen errichtet, bei denen ein Zu- oder Abfahrtsverkehr zu erwarten ist, sind Stellplätze in ausreichender Zahl und Größe und in geeigneter Beschaffenheit herzustellen. [2]Bei Änderungen oder Nutzungsänderungen von Anlagen sind Stellplätze in solcher Zahl und Größe herzustellen, dass die Stellplätze die durch die Änderung zusätzlich zu erwartenden Kraftfahrzeuge aufnehmen können. [3]Das gilt nicht, wenn sonst die Schaffung oder Erneuerung von Wohnraum auch unter Berücksichtigung der Möglichkeit einer Ablösung nach Abs. 3 Nr. 3 erheblich erschwert oder verhindert würde.

(2) [1]Die Zahl der notwendigen Stellplätze nach Abs. 1 Satz 1 legt das Staatsministerium des Innern durch Rechtsverordnung fest. [2]Wird die Zahl der notwendigen Stellplätze durch eine örtliche Bauvorschrift oder eine städtebauliche Satzung festgelegt, ist diese Zahl maßgeblich.

(3) Die Stellplatzpflicht kann erfüllt werden durch

1. Herstellung der notwendigen Stellplätze auf dem Baugrundstück,

2. Herstellung der notwendigen Stellplätze auf einem geeigneten Grundstück in der Nähe des Baugrundstücks, wenn dessen Benutzung für diesen Zweck gegenüber dem Rechtsträger der Bauaufsichtsbehörde rechtlich gesichert ist, oder

3. Übernahme der Kosten für die Herstellung der notwendigen Stellplätze durch den Bauherrn gegenüber der Gemeinde (Ablösungsvertrag).

(4) Die Gemeinde hat den Geldbetrag für die Ablösung notwendiger Stellplätze zu verwenden für

1. die Herstellung zusätzlicher oder die Instandhaltung, die Instandsetzung oder die Modernisierung bestehender Parkeinrichtungen,

2. sonstige Maßnahmen zur Entlastung der Straßen vom ruhenden Verkehr einschließlich investiver Maßnahmen des öffentlichen Personennahverkehrs.

Art. 48   Barrierefreies Bauen

(1) [1]In Gebäuden mit mehr als zwei Wohnungen müssen die Wohnungen eines Geschosses barrierefrei erreichbar sein; Abs. 4 Sätze 1 bis 5 sind anzuwenden. [2]In diesen Wohnungen müssen die Wohn- und Schlafräume, eine Toilette, ein Bad sowie die Küche oder die Kochnische sowie der Raum mit Anschlussmöglichkeit für eine Waschmaschine mit dem Rollstuhl zugänglich sein. [3]Art. 37 Abs. 4 bleibt unberührt.

(2) [1]Bauliche Anlagen, die öffentlich zugänglich sind, müssen in den dem allgemeinen Besucherverkehr dienenden Teilen von Menschen mit Behinderung, alten Menschen und Personen mit Kleinkindern barrierefrei erreicht und ohne fremde Hilfe in der allgemein üblichen Weise zweckentsprechend genutzt werden können. [2]Diese Anforderungen gelten insbesondere für

1. Einrichtungen der Kultur und des Bildungswesens,

2. Tageseinrichtungen für Kinder,

3. Sport- und Freizeitstätten,

4. Einrichtungen des Gesundheitswesens,

5. Büro-, Verwaltungs- und Gerichtsgebäude,

6. Verkaufsstätten,

7. Gaststätten, die keiner gaststättenrechtlichen Erlaubnis bedürfen,

8. Beherbergungsstätten,

9. Stellplätze, Garagen und Toilettenanlagen.

[3]Sie gelten nicht bei Nutzungsänderungen, wenn die Anforderungen nur mit unverhältnismäßigem Aufwand erfüllt werden können. [4]Die Anforderungen an Gaststätten, die einer gaststättenrechtlichen Erlaubnis bedürfen, sind im Rahmen des gaststättenrechtlichen Erlaubnisverfahrens zu beachten.

(3) Für bauliche Anlagen und Einrichtungen, die überwiegend oder ausschließlich von Menschen mit Behinderung, alten Menschen und Personen mit Kleinkindern genutzt werden, wie

1. Tagesstätten, Werkstätten und Heime für Menschen mit Behinderung,

2. Altenheime, Altenwohnheime und Altenpflegeheime

gilt Abs. 2 nicht nur für die dem allgemeinen Besucherverkehr dienenden Teile, sondern für alle Teile, die von diesem Personenkreis genutzt werden.

(4) [1]Bauliche Anlagen nach Abs. 2 und 3 müssen durch einen Eingang mit einer lichten Durchgangsbreite von mindestens 0,90 m stufenlos erreichbar sein. [2]Vor Türen muss eine ausreichende Bewegungsfläche vorhanden sein. [3]Rampen dürfen nicht

mehr als 6 v. H. geneigt sein; sie müssen mindestens 1,20 m breit sein und beidseitig einen festen und griffsicheren Handlauf haben. [4]Am Anfang und am Ende jeder Rampe ist ein Podest, alle 6 m ein Zwischenpodest anzuordnen. [5]Die Podeste müssen eine Länge von mindestens 1,50 m haben. [6]Treppen müssen an beiden Seiten griffsichere Handläufe erhalten, die über Treppenabsätze und Fensteröffnungen sowie über die letzten Stufen zu führen sind. [7]Die Treppen müssen Setzstufen haben. [8]Flure müssen mindestens 1,50 m breit sein. [9]Ein Toilettenraum muss auch für Benutzer von Rollstühlen geeignet und erreichbar sein; er ist zu kennzeichnen. [10]Art. 37 Abs. 4 gilt auch für Gebäude mit einer geringeren Höhe als nach Art. 37 Abs. 4 Satz 1, soweit Geschosse mit Rollstühlen stufenlos erreichbar sein müssen.

(5) [1]Die Abs. 1 bis 4 gelten nicht, soweit die Anforderungen wegen schwieriger Geländeverhältnisse, wegen ungünstiger vorhandener Bebauung oder im Hinblick auf die Sicherheit der Menschen mit Behinderung oder alten Menschen nur mit einem unverhältnismäßigen Mehraufwand erfüllt werden können, bei Anlagen nach Abs. 1 auch wegen des Einbaus eines sonst nicht erforderlichen Aufzugs. [2]Bei bestehenden baulichen Anlagen im Sinn der Abs. 2 und 3 soll die Bauaufsichtsbehörde verlangen, dass ein gleichwertiger Zustand hergestellt wird, wenn das technisch möglich und dem Eigentümer wirtschaftlich zumutbar ist.

Vierter Teil
Die am Bau Beteiligten

Art. 49   Grundpflichten

Bei der Errichtung, Änderung, Nutzungsänderung und der Beseitigung von Anlagen sind der Bauherr und im Rahmen ihres Wirkungskreises die anderen am Bau Beteiligten dafür verantwortlich, dass die öffentlich-rechtlichen Vorschriften eingehalten werden.

Art. 50   Bauherr

(1) [1]Der Bauherr hat zur Vorbereitung, Überwachung und Ausführung eines nicht verfahrensfreien Bauvorhabens sowie der Beseitigung von Anlagen geeignete Beteiligte nach Maßgabe der Art. 51 und 52 zu bestellen, soweit er nicht selbst zur Erfüllung der Verpflichtungen nach diesen Vorschriften geeignet ist. [2]Dem Bauherrn obliegen außerdem die nach den öffentlich-rechtlichen Vorschriften erforderlichen Anträge, Anzeigen und Nachweise. [3]Wechselt der Bauherr, hat der neue Bauherr dies der Bauaufsichtsbehörde unverzüglich schriftlich mitzuteilen.

(2) [1]Treten bei einem Bauvorhaben mehrere Personen als Bauherr auf, so kann die Bauaufsichtsbehörde verlangen, dass ihr gegenüber ein Vertreter bestellt wird, der die dem Bauherrn nach den öffentlich-rechtlichen Vorschriften obliegenden Verpflichtungen zu erfüllen hat. [2]Im Übrigen finden Art. 18 Abs. 1 Sätze 2 und 3 sowie

Abs. 2 des Bayerischen Verwaltungsverfahrensgesetzes (BayVwVfG) entsprechende Anwendung.

Art. 51 Entwurfsverfasser

(1) [1]Der Entwurfsverfasser muss nach Sachkunde und Erfahrung zur Vorbereitung des jeweiligen Bauvorhabens geeignet sein. [2]Er ist für die Vollständigkeit und Brauchbarkeit seines Entwurfs verantwortlich. [3]Der Entwurfsverfasser hat dafür zu sorgen, dass die für die Ausführung notwendigen Einzelzeichnungen, Einzelberechnungen und Anweisungen den öffentlich-rechtlichen Vorschriften entsprechen.

(2) [1]Hat der Entwurfsverfasser auf einzelnen Fachgebieten nicht die erforderliche Sachkunde und Erfahrung, so hat er den Bauherrn zu veranlassen, geeignete Fachplaner heranzuziehen. [2]Diese sind für die von ihnen gefertigten Unterlagen, die sie zu unterzeichnen haben, verantwortlich. [3]Für das ordnungsgemäße Ineinandergreifen aller Fachplanungen bleibt der Entwurfsverfasser verantwortlich.

Art. 52 Unternehmer

(1) [1]Jeder Unternehmer ist für die mit den öffentlich-rechtlichen Anforderungen übereinstimmende Ausführung der von ihm übernommenen Arbeiten und insoweit für die ordnungsgemäße Einrichtung und den sicheren Betrieb der Baustelle verantwortlich. [2]Er hat die erforderlichen Nachweise über die Verwendbarkeit der verwendeten Bauprodukte und Bauarten zu erbringen und auf der Baustelle bereitzuhalten.

(2) Jeder Unternehmer hat auf Verlangen der Bauaufsichtsbehörde für Arbeiten, bei denen die Sicherheit der Anlage in außergewöhnlichem Maße von der besonderen Sachkenntnis und Erfahrung des Unternehmers oder von einer Ausstattung des Unternehmens mit besonderen Vorrichtungen abhängt, nachzuweisen, dass er für diese Arbeiten geeignet ist und über die erforderlichen Vorrichtungen verfügt.

Fünfter Teil
Bauaufsichtsbehörden, Verfahren

Abschnitt I Bauaufsichtsbehörden

Art. 53 Aufbau und Zuständigkeit der Bauaufsichtsbehörden

(1) [1]Untere Bauaufsichtsbehörden sind die Kreisverwaltungsbehörden, höhere Bauaufsichtsbehörden sind die Regierungen, oberste Bauaufsichtsbehörde ist das Staatsministerium des Innern. [2]Für den Vollzug dieses Gesetzes sowie anderer öffentlich-rechtlicher Vorschriften für die Errichtung, Änderung, Nutzungsänderung und Beseitigung sowie die Nutzung und Instandhaltung von Anlagen ist die untere Bauaufsichtsbehörde zuständig, soweit nichts anderes bestimmt ist.

(2) [1]Das Staatsministerium des Innern überträgt leistungsfähigen kreisangehörigen Gemeinden auf Antrag durch Rechtsverordnung

1. alle Aufgaben der unteren Bauaufsichtsbehörde oder

2. Aufgaben der unteren Bauaufsichtsbehörde für

a) Wohngebäude der Gebäudeklassen 1 bis 3,

b) Gebäude der Gebäudeklassen 1 bis 3, die neben einer Wohnnutzung teilweise oder ausschließlich freiberuflich oder gewerblich im Sinn des § 13 der Baunutzungsverordnung (BauNVO) genutzt werden,

im Geltungsbereich von Bebauungsplänen im Sinn der §§ 12, 30 Abs. 1 und 2 BauGB. [2]Das Staatsministerium des Innern kann die Rechtsverordnung nach Satz 1 auf Antrag der Gemeinde aufheben. [3]Die Rechtsverordnung ist aufzuheben, wenn die Voraussetzungen für ihren Erlass nach Satz 1 und Abs. 3 Sätze 1 bis 4 nicht vorgelegen haben oder nicht mehr vorliegen. [4]Werden Aufgaben der unteren Bauaufsichtsbehörde nach Satz 1 übertragen, ist für die Entscheidung über Anträge nach Art. 63 Abs. 2 Satz 2, Art. 64 Abs. 1 Satz 1, Art. 70 Satz 1 und Art. 71 Satz 1 als untere Bauaufsichtsbehörde diejenige Behörde zuständig, die zum Zeitpunkt des Eingangs des Antrags bei der Gemeinde zuständig war; das gilt entsprechend bei der Erhebung einer Gemeinde zur Großen Kreisstadt. [5]Die Aufhebung eines Verwaltungsakts der unteren Bauaufsichtsbehörde kann nicht allein deshalb beansprucht werden, weil er unter Verletzung von Vorschriften über die sachliche Zuständigkeit zustande gekommen ist, wenn diese Verletzung darauf beruht, dass eine sachliche Zuständigkeit nach Satz 1 Nr. 2 wegen Unwirksamkeit des zugrunde liegenden Bebauungsplans nicht begründet war; das gilt nicht, wenn zum Zeitpunkt der Entscheidung der unteren Bauaufsichtsbehörde die Unwirksamkeit des Bebauungsplans gemäß § 47 Abs. 5 Satz 2 der Verwaltungsgerichtsordnung (VwGO) rechtskräftig festgestellt war. [6]Art. 46 BayVwVfG bleibt unberührt.

(3) [1]Die Bauaufsichtsbehörden sind für ihre Aufgaben ausreichend mit geeigneten Fachkräften zu besetzen. [2]Den unteren Bauaufsichtsbehörden müssen Beamte mit der Befähigung zum Richteramt oder zum höheren Verwaltungsdienst und Beamte des höheren bautechnischen Verwaltungsdienstes der Fachgebiete Hochbau oder Städtebau angehören. [3]An Stelle von Beamten des höheren bautechnischen Verwaltungsdienstes können auch Beamte des gehobenen bautechnischen Verwaltungsdienstes beschäftigt werden, wenn sie über eine langjährige Berufserfahrung im Aufgabenbereich des leitenden bautechnischen Mitarbeiters der unteren Bauaufsichtsbehörde verfügen und sich in diesem Aufgabenbereich bewährt haben; in begründeten Ausnahmefällen, insbesondere wenn geeignete Beamte des bautechnischen Verwaltungsdienstes nicht gewonnen werden können, dürfen an Stelle von Beamten auch vergleichbar qualifizierte Angestellte beschäftigt werden. [4]In Gemeinden, denen nach Abs. 2 Satz 1 Nr. 2 Aufgaben der unteren Bauaufsichtsbehörde übertragen worden sind, genügt es, dass an Stelle von Beamten des höheren Dienstes im Sinn von Satz 2 Beamte des gehobenen nichttechnischen Verwaltungsdienstes, im Fall des technischen Dienstes auch sonstige Bedienstete, beschäftigt werden, die mindestens einen Fachhochschulabschluss der Fachrichtung Hochbau, Städtebau

oder konstruktiver Ingenieurbau erworben haben. [5]Das bautechnische Personal und die notwendigen Hilfskräfte bei den Landratsämtern sind von den Landkreisen anzustellen.

Art. 54 Aufgaben und Befugnisse der Bauaufsichtsbehörden

(1) Die Aufgaben der Bauaufsichtsbehörden sind Staatsaufgaben; für die Gemeinden sind sie übertragene Aufgaben.

(2) [1]Die Bauaufsichtsbehörden haben bei der Errichtung, Änderung, Nutzungsänderung und Beseitigung sowie bei der Nutzung und Instandhaltung von Anlagen darüber zu wachen, dass die öffentlich-rechtlichen Vorschriften und die auf Grund dieser Vorschriften erlassenen Anordnungen eingehalten werden, soweit nicht andere Behörden zuständig sind. [2]Sie können in Wahrnehmung dieser Aufgaben die erforderlichen Maßnahmen treffen; sie sind berechtigt, die Vorlage von Bescheinigungen von Prüfsachverständigen zu verlangen. [3]Bauaufsichtliche Genehmigungen, Vorbescheide und sonstige Maßnahmen gelten auch für und gegen die Rechtsnachfolger; das gilt auch für Personen, die ein Besitzrecht nach Erteilung einer bauaufsichtlichen Genehmigung, eines Vorbescheids oder nach Erlass einer bauaufsichtlichen Maßnahme erlangt haben. [4]Die mit dem Vollzug dieses Gesetzes beauftragten Personen sind berechtigt, in Ausübung ihres Amtes Grundstücke und Anlagen einschließlich der Wohnungen zu betreten; das Grundrecht der Unverletzlichkeit der Wohnung (Art. 13 des Grundgesetzes, Art. 106 Abs. 3 der Verfassung) wird insoweit eingeschränkt.

(3) [1]Soweit die Vorschriften des Zweiten und des Dritten Teils mit Ausnahme der Art. 8 und 9 und die auf Grund dieses Gesetzes erlassenen Vorschriften nicht ausreichen, um die Anforderungen nach Art. 3 zu erfüllen, können die Bauaufsichtsbehörden im Einzelfall weitergehende Anforderungen stellen, um erhebliche Gefahren abzuwehren, bei Sonderbauten auch zur Abwehr von Nachteilen; dies gilt nicht für Sonderbauten, soweit für sie eine Verordnung nach Art. 80 Abs. 1 Nr. 4 erlassen worden ist. [2]Die Anforderungen des Satzes 1 Halbsatz 1 gelten nicht für Sonderbauten, wenn ihre Erfüllung wegen der besonderen Art oder Nutzung oder wegen anderer besonderer Anforderungen nicht erforderlich ist.

(4) Bei bestandsgeschützten baulichen Anlagen können Anforderungen gestellt werden, wenn das zur Abwehr von erheblichen Gefahren für Leben und Gesundheit notwendig ist.

(5) Werden bestehende bauliche Anlagen wesentlich geändert, so kann angeordnet werden, dass auch die von der Änderung nicht berührten Teile dieser baulichen Anlagen mit diesem Gesetz oder den auf Grund dieses Gesetzes erlassenen Vorschriften in Einklang gebracht werden, wenn das aus Gründen des Art. 3 Abs. 1 Satz 1 erforderlich und dem Bauherrn wirtschaftlich zumutbar ist und diese Teile mit den Teilen, die geändert werden sollen, in einem konstruktiven Zusammenhang stehen oder mit ihnen unmittelbar verbunden sind.

(6) Bei Modernisierungsvorhaben soll von der Anwendung des Abs. 5 abgesehen werden, wenn sonst die Modernisierung erheblich erschwert würde.

Abschnitt II   Genehmigungspflicht, Genehmigungsfreiheit

Art. 55   Grundsatz

(1) Die Errichtung, Änderung und Nutzungsänderung von Anlagen bedürfen der Baugenehmigung, soweit in Art. 56 bis 58, 72 und 73 nichts anderes bestimmt ist.

(2) Die Genehmigungsfreiheit nach Art. 56 bis 58, 72 und 73 Abs. 1 Satz 3 sowie die Beschränkung der bauaufsichtlichen Prüfung nach Art. 59, 60, 62 Abs. 4 und Art. 73 Abs. 2 entbinden nicht von der Verpflichtung zur Einhaltung der Anforderungen, die durch öffentlich-rechtliche Vorschriften an Anlagen gestellt werden, und lassen die bauaufsichtlichen Eingriffsbefugnisse unberührt.

Art. 56   Vorrang anderer Gestattungsverfahren

[1]Keiner Baugenehmigung, Abweichung, Genehmigungsfreistellung, Zustimmung und Bauüberwachung nach diesem Gesetz bedürfen

1. nach anderen Rechtsvorschriften zulassungsbedürftige Anlagen in oder an oberirdischen Gewässern und Anlagen, die dem Ausbau, der Unterhaltung oder der Nutzung eines Gewässers dienen oder als solche gelten, ausgenommen Gebäude, Überbrückungen, Lager-, Camping- und Wochenendplätze,

2. Anlagen, die einer Genehmigung nach dem Bayerischen Abgrabungsgesetz (BayAbgrG) vom 27. Dezember 1999 (GVBl S. 532, 535, BayRS 2132–2-I) bedürfen,

3. nach anderen Rechtsvorschriften zulassungsbedürftige Anlagen für die öffentliche Versorgung mit Elektrizität, Gas, Wärme, Wasser und für die öffentliche Verwertung oder Entsorgung von Abwässern, ausgenommen oberirdische Anlagen mit einem Brutto-Rauminhalt von mehr als 100 m^3, Gebäude und Überbrückungen,

4. nichtöffentliche Eisenbahnen, nichtöffentliche Seilbahnen und sonstige Bahnen besonderer Bauart, auf die die Vorschriften über fliegende Bauten keine Anwendung finden, im Sinn des Bayerischen Eisenbahn- und Seilbahngesetzes (BayESG),

5. Werbeanlagen, soweit sie einer Zulassung nach Straßenverkehrs- oder nach Eisenbahnrecht bedürfen,

6. Anlagen, die nach dem Kreislaufwirtschafts- und Abfallgesetz (KrW-/AbfG) einer Genehmigung bedürfen,

7. Beschneiungsanlagen nach Art. 59a des Bayerischen Wassergesetzes (BayWG),

8. Anlagen, die einer Gestattung nach Gerätesicherheitsrecht bedürfen,

9. Anlagen, die einer Errichtungsgenehmigung nach dem Atomgesetz bedürfen,

10. Friedhöfe, die einer Genehmigung nach dem Bestattungsgesetz (BestG) bedürfen.

[2]Für Anlagen, bei denen ein anderes Gestattungsverfahren die Baugenehmigung, die Abweichung oder die Zustimmung einschließt oder die nach Satz 1 keiner Baugenehmigung oder Zustimmung bedürfen, nimmt die für den Vollzug der entsprechenden Rechtsvorschriften zuständige Behörde die Aufgaben und Befugnisse der Bauaufsichtsbehörde wahr. [3]Sie kann Prüfingenieure, Prüfämter und Prüfsachverständige in entsprechender Anwendung der Art. 62 Abs. 3 und Art. 77 Abs. 2 sowie der auf

Grund des Art. 80 Abs. 2 erlassenen Rechtsverordnung heranziehen; Art. 59 Satz 1, Art. 60 Satz 1, Art. 62 Abs. 1, 2 und 4 Sätze 2 und 3, Art. 63 Abs. 1 Satz 2 und Art. 77 Abs. 2 Satz 3 gelten entsprechend.

Art. 57 Verfahrensfreie Bauvorhaben, Beseitigung von Anlagen
(1) Verfahrensfrei sind
1. folgende Gebäude:
   a) Gebäude mit einem Brutto-Rauminhalt bis zu 75 m³, außer im Außenbereich,
   b) Garagen einschließlich überdachter Stellplätze im Sinn des Art. 6 Abs. 9 Satz 1 Nr. 1 mit einer Fläche bis zu 50 m², außer im Außenbereich,
   c) freistehende Gebäude ohne Feuerungsanlagen, die einem land- oder forstwirtschaftlichen Betrieb oder einem Betrieb der gartenbaulichen Erzeugung im Sinn der § 35 Abs. 1 Nrn. 1 und 2, § 201 BauGB dienen, nur eingeschossig und nicht unterkellert sind, höchstens 100 m² Brutto-Grundfläche und höchstens 140 m² überdachte Fläche haben und nur zur Unterbringung von Sachen oder zum vorübergehenden Schutz von Tieren bestimmt sind,
   d) Gewächshäuser mit einer Firsthöhe bis zu 5 m und nicht mehr als 1600 m² Fläche, die einem land- oder forstwirtschaftlichen Betrieb oder einem Betrieb der gartenbaulichen Erzeugung im Sinn der § 35 Abs. 1 Nrn. 1 und 2, § 201 BauGB dienen,
   e) Fahrgastunterstände, die dem öffentlichen Personenverkehr oder der Schülerbeförderung dienen,
   f) Schutzhütten für Wanderer, die jedermann zugänglich sind und keine Aufenthaltsräume haben,
   g) Terrassenüberdachungen mit einer Fläche bis zu 30 m² und einer Tiefe bis zu 3 m,
   h) Gartenlauben in Kleingartenanlagen im Sinn des § 1 Abs. 1 des Bundeskleingartengesetzes (BKleingG) vom 28. Februar 1983 (BGBl I S. 210), zuletzt geändert durch Art. 11 des Gesetzes vom 19. September 2006 (BGBl I S. 2146),
2. Anlagen der technischen Gebäudeausrüstung:
   a) Abgasanlagen in und an Gebäuden sowie freistehende Abgasanlagen mit einer Höhe bis zu 10 m,
   b) Solarenergieanlagen und Sonnenkollektoren
      aa) in und an Dach- und Außenwandflächen sowie auf Flachdächern, im Übrigen mit einer Fläche bis zu 9 m²,
      bb) gebäudeunabhängig mit einer Höhe bis zu 3 m und einer Gesamtlänge bis zu 9 m,
   c) sonstige Anlagen der technischen Gebäudeausrüstung,
3. folgende Anlagen der Versorgung:
   a) Brunnen,
   b) Anlagen, die der Telekommunikation, der öffentlichen Versorgung mit Elektrizität einschließlich Trafostationen, Gas, Öl oder Wärme dienen, mit einer Höhe bis zu 5 m und einer Fläche bis zu 10 m²,

4. folgende Masten, Antennen und ähnliche Anlagen:
   a) Antennen einschließlich der Masten mit einer Höhe bis zu 10 m und zugehöriger Versorgungseinheiten mit einem Brutto-Rauminhalt bis zu 10 m³ sowie, soweit sie in, auf oder an einer bestehenden baulichen Anlage errichtet werden, die damit verbundene Änderung der Nutzung oder der äußeren Gestalt der Anlage,
   b) Masten und Unterstützungen für Fernsprechleitungen, für Leitungen zur Versorgung mit Elektrizität, für Sirenen und für Fahnen,
   c) Masten, die aus Gründen des Brauchtums errichtet werden,
   d) Signalhochbauten für die Landesvermessung,
   e) Flutlichtmasten mit einer Höhe bis zu 10 m,
5. folgende Behälter:
   a) ortsfeste Behälter für Flüssiggas mit einem Fassungsvermögen von weniger als 3 t, für nicht verflüssigte Gase mit einem Rauminhalt bis zu 6 m³,
   b) ortsfeste Behälter für brennbare oder wassergefährdende Flüssigkeiten mit einem Rauminhalt bis zu 10 m³,
   c) ortsfeste Behälter sonstiger Art mit einem Rauminhalt bis zu 50 m³,
   d) Gülle- und Jauchebehälter und -gruben mit einem Rauminhalt bis zu 50 m³ und einer Höhe bis zu 3 m,
   e) Gärfutterbehälter mit einer Höhe bis zu 6 m und Schnitzelgruben,
   f) Dungstätten, Fahrsilos, Kompost- und ähnliche Anlagen, ausgenommen Biomasselager für den Betrieb von Biogasanlagen,
   g) Wasserbecken mit einem Beckeninhalt bis zu 100 m³,
6. folgende Mauern und Einfriedungen:
   a) Mauern einschließlich Stützmauern und Einfriedungen mit einer Höhe bis zu 2 m, außer im Außenbereich,
   b) offene, sockellose Einfriedungen im Außenbereich, soweit sie der Hoffläche eines landwirtschaftlichen Betriebs, der Weidewirtschaft einschließlich der Haltung geeigneter Schalenwildarten für Zwecke der Landwirtschaft, dem Erwerbsgartenbau oder dem Schutz von Forstkulturen und Wildgehegen zu Jagdzwecken oder dem Schutz landwirtschaftlicher Kulturen vor Schalenwild sowie der berufsmäßigen Binnenfischerei dienen,
   c) Sichtschutzzäune und Terrassentrennwände zwischen Doppelhäusern und den Gebäuden von Hausgruppen mit einer Höhe bis zu 2 m und einer Tiefe bis zu 4 m,
7. private Verkehrsanlagen einschließlich Brücken und Durchlässen mit einer lichten Weite bis zu 5 m und Untertunnelungen mit einem Durchmesser bis zu 3 m,
8. Aufschüttungen mit einer Höhe bis zu 2 m und einer Fläche bis zu 500 m²,
9. folgende Anlagen in Gärten und zur Freizeitgestaltung:
   a) Schwimmbecken mit einem Beckeninhalt bis zu 100 m³ einschließlich dazugehöriger temporärer luftgetragener Überdachungen, außer im Außenbereich,
   b) Sprungschanzen, Sprungtürme und Rutschbahnen mit einer Höhe bis zu 10 m,

c) Anlagen, die der zweckentsprechenden Einrichtung von Spiel-, Abenteuerspiel-, Bolz- und Sportplätzen, Reit- und Wanderwegen, Trimm- und Lehrpfaden dienen, ausgenommen Gebäude und Tribünen,

d) Wohnwagen, Zelte und bauliche Anlagen, die keine Gebäude sind, auf Camping-, Zelt- und Wochenendplätzen,

e) Anlagen, die der Gartennutzung, der Gartengestaltung oder der zweckentsprechenden Einrichtung von Gärten dienen, ausgenommen Gebäude und Einfriedungen,

10. folgende tragende und nichttragende Bauteile:

a) nichttragende und nichtaussteifende Bauteile in baulichen Anlagen,

b) die Änderung tragender oder aussteifender Bauteile innerhalb von Wohngebäuden,

c) zur Errichtung einzelner Aufenthaltsräume, die zu Wohnzwecken genutzt werden, im Dachgeschoss überwiegend zu Wohnzwecken genutzter Gebäude, wenn die Dachkonstruktion und die äußere Gestalt des Gebäudes nicht in genehmigungspflichtiger Weise verändert werden,

d) Fenster und Türen sowie die dafür bestimmten Öffnungen,

e) Außenwandbekleidungen, ausgenommen bei Hochhäusern, Verblendungen und Verputz baulicher Anlagen,

auch vor Fertigstellung der Anlage

11. folgende Werbeanlagen:

a) Werbeanlagen in Auslagen oder an Schaufenstern, im Übrigen mit einer Ansichtsfläche bis zu 1 m²,

b) Warenautomaten,

c) Werbeanlagen, die nicht vom öffentlichen Verkehrsraum aus sichtbar sind,

d) Werbeanlagen, die nach ihrem erkennbaren Zweck nur vorübergehend für höchstens zwei Monate angebracht werden, im Außenbereich nur, soweit sie einem Vorhaben im Sinn des § 35 Abs. 1 BauGB dienen,

e) Zeichen, die auf abseits oder versteckt gelegene Stätten hinweisen (Hinweiszeichen), außer im Außenbereich,

f) Schilder, die Inhaber und Art gewerblicher Betriebe kennzeichnen (Hinweisschilder), wenn sie vor Ortsdurchfahrten auf einer einzigen Tafel zusammengefasst sind,

g) Werbeanlagen in durch Bebauungsplan festgesetzten Gewerbe-, Industrie- und vergleichbaren Sondergebieten an der Stätte der Leistung, an und auf Flugplätzen, Sportanlagen, auf abgegrenzten Versammlungsstätten, Ausstellungs- und Messegeländen, soweit sie nicht in die freie Landschaft wirken, mit einer Höhe bis zu 10 m,

12. folgende vorübergehend aufgestellte oder benutzbare Anlagen:

a) Baustelleneinrichtungen einschließlich der Lagerhallen, Schutzhallen und Unterkünfte,

b) Toilettenwagen,

c) Behelfsbauten, die der Landesverteidigung, dem Katastrophenschutz oder der Unfallhilfe dienen,

d) bauliche Anlagen, die für höchstens drei Monate auf genehmigtem Messe- und Ausstellungsgelände errichtet werden, ausgenommen fliegende Bauten,

e) Verkaufsstände und andere bauliche Anlagen auf Straßenfesten, Volksfesten und Märkten, ausgenommen fliegende Bauten,

f) Zeltlager, die nach ihrem erkennbaren Zweck gelegentlich, höchstens für zwei Monate errichtet werden,

13. folgende Plätze:

a) Lager-, Abstell- und Ausstellungsplätze, die einem land- oder forstwirtschaftlichen Betrieb oder einem Betrieb der gartenbaulichen Erzeugung im Sinn der § 35 Abs. 1 Nrn. 1 und 2, § 201 BauGB dienen,

b) nicht überdachte Stellplätze und sonstige Lager- und Abstellplätze mit einer Fläche bis zu 300 m² und deren Zufahrten, außer im Außenbereich,

c) Kinderspielplätze im Sinn des Art. 7 Abs. 2 Satz 1,

d) Freischankflächen bis zu 40 m² einschließlich einer damit verbundenen Nutzungsänderung einer Gaststätte oder einer Verkaufsstelle des Lebensmittelhandwerks,

14. folgende sonstige Anlagen:

a) Fahrradabstellanlagen mit einer Fläche bis zu 30 m²,

b) Zapfsäulen und Tankautomaten genehmigter Tankstellen,

c) Regale mit einer Höhe bis zu 7,50 m Oberkante Lagergut,

d) Grabdenkmale auf Friedhöfen, Feldkreuze, Denkmäler und sonstige Kunstwerke jeweils mit einer Höhe bis zu 4 m,

e) andere unbedeutende Anlagen oder unbedeutende Teile von Anlagen wie Hauseingangsüberdachungen, Markisen, Rollläden, Terrassen, Maschinenfundamente, Straßenfahrzeugwaagen, Pergolen, Jägerstände, Wildfütterungen, Bienenfreistände, Taubenhäuser, Hofeinfahrten und Teppichstangen.

(2) Unbeschadet des Abs. 1 sind verfahrensfrei

1. Garagen mit einer Nutzfläche bis zu 100 m² sowie überdachte Stellplätze,

2. Wochenendhäuser sowie Anlagen, die keine Gebäude sind, in durch Bebauungsplan festgesetzten Wochenendhausgebieten,

3. Anlagen in Dauerkleingärten im Sinn des § 1 Abs. 3 BKleingG,

4. Dachgauben und vergleichbare Dachaufbauten,

5. Mauern und Einfriedungen,

6. Werbeanlagen,

7. Kinderspiel-, Bolz- und Abenteuerspielplätze,

8. Friedhöfe

im Geltungsbereich einer städtebaulichen oder einer Satzung nach Art. 81, die Regelungen über die Zulässigkeit, den Standort und die Größe der Anlage enthält, wenn sie den Festsetzungen der Satzung entspricht.

(3) ¹Verfahrensfrei sind luftrechtlich zugelassenen Flugplätzen dienende Anlagen, ausgenommen Sonderbauten. ²Für nach Satz 1 verfahrensfreie Anlagen gelten Art. 61 und 62 entsprechend.

(4) Verfahrensfrei ist die Änderung der Nutzung von Anlagen, wenn

1. für die neue Nutzung keine anderen öffentlich-rechtlichen Anforderungen als für die bisherige Nutzung in Betracht kommen oder
2. die Errichtung oder Änderung der Anlagen nach Abs. 1 und 2 verfahrensfrei wäre.

(5) ¹Verfahrensfrei ist die Beseitigung von

1. Anlagen nach Abs. 1 bis 3,
2. freistehenden Gebäuden der Gebäudeklassen 1 und 3,
3. sonstigen Anlagen, die keine Gebäude sind, mit einer Höhe bis zu 10 m.

²Im Übrigen ist die beabsichtigte Beseitigung von Anlagen mindestens einen Monat zuvor der Gemeinde und der Bauaufsichtsbehörde anzuzeigen. ³Bei Gebäuden der Gebäudeklasse 2 muss die Standsicherheit des Gebäudes oder der Gebäude, an die das zu beseitigende Gebäude angebaut ist, von einem Tragwerksplaner im Sinn des Art. 62 Abs. 2 Satz 1 Halbsatz 1 und Satz 2 bestätigt sein. ⁴Bei sonstigen nicht freistehenden Gebäuden muss die Standsicherheit des Gebäudes oder der Gebäude, an die das zu beseitigende Gebäude angebaut ist, durch einen Prüfsachverständigen bescheinigt sein; Halbsatz 1 gilt entsprechend, wenn die Beseitigung eines Gebäudes sich auf andere Weise auf die Standsicherheit anderer Gebäude auswirken kann. ⁵Sätze 3 und 4 gelten nicht, soweit an verfahrensfreie Gebäude angebaut ist. ⁶Art. 68 Abs. 5 Nr. 3 und Abs. 7 gelten entsprechend.

(6) Verfahrensfrei sind Instandhaltungsarbeiten.

Art. 58 Genehmigungsfreistellung

(1) ¹Keiner Genehmigung bedarf unter den Voraussetzungen des Abs. 2 die Errichtung, Änderung und Nutzungsänderung baulicher Anlagen, die keine Sonderbauten sind. ²Die Gemeinde kann durch örtliche Bauvorschrift im Sinn des Art. 81 Abs. 2 die Anwendung dieser Vorschrift auf bestimmte handwerkliche und gewerbliche Bauvorhaben ausschließen.

(2) Nach Abs. 1 ist ein Bauvorhaben genehmigungsfrei gestellt, wenn

1. es im Geltungsbereich eines Bebauungsplans im Sinn des § 30 Abs. 1 oder der §§ 12, 30 Abs. 2 BauGB liegt,
2. es den Festsetzungen des Bebauungsplans und den Regelungen örtlicher Bauvorschriften im Sinn des Art. 81 Abs. 1 nicht widerspricht,
3. die Erschließung im Sinn des Baugesetzbuchs gesichert ist und
4. die Gemeinde nicht innerhalb der Frist nach Abs. 3 Satz 3 erklärt, dass das vereinfachte Baugenehmigungsverfahren durchgeführt werden soll oder eine vorläufige Untersagung nach § 15 Abs. 1 Satz 2 BauGB beantragt.

(3) ¹Der Bauherr hat die erforderlichen Unterlagen bei der Gemeinde einzureichen; die Gemeinde legt, soweit sie nicht selbst Bauaufsichtsbehörde ist, eine Fertigung der Unterlagen unverzüglich der unteren Bauaufsichtsbehörde vor. ²Spätestens mit der Vorlage bei der Gemeinde benachrichtigt der Bauherr die Eigentümer der benachbarten Grundstücke von dem Bauvorhaben; Art. 66 Abs. 1 Sätze 2 und 5, Abs. 3 gelten entsprechend. ³Mit dem Bauvorhaben darf einen Monat nach Vorlage der erforderlichen Unterlagen bei der Gemeinde begonnen werden. ⁴Teilt die Gemeinde dem

Bauherrn vor Ablauf der Frist schriftlich mit, dass kein Genehmigungsverfahren durchgeführt werden soll und sie eine Untersagung nach § 15 Abs. 1 Satz 2 BauGB nicht beantragen wird, darf der Bauherr mit der Ausführung des Bauvorhabens beginnen; von der Mitteilung nach Halbsatz 1 hat die Gemeinde die Bauaufsichtsbehörde zu unterrichten. ⁵Will der Bauherr mit der Ausführung des Bauvorhabens mehr als vier Jahre, nachdem die Bauausführung nach den Sätzen 3 und 4 zulässig geworden ist, beginnen, gelten die Sätze 1 bis 4 entsprechend.

(4) ¹Die Erklärung der Gemeinde nach Abs. 2 Nr. 4 erste Alternative kann insbesondere deshalb erfolgen, weil sie eine Überprüfung der sonstigen Voraussetzungen des Abs. 2 oder des Bauvorhabens aus anderen Gründen für erforderlich hält. ²Darauf, dass die Gemeinde von ihrer Erklärungsmöglichkeit keinen Gebrauch macht, besteht kein Rechtsanspruch. ³Erklärt die Gemeinde, dass das vereinfachte Baugenehmigungsverfahren durchgeführt werden soll, hat sie dem Bauherrn die vorgelegten Unterlagen zurückzureichen. ⁴Hat der Bauherr bei der Vorlage der Unterlagen bestimmt, dass seine Vorlage im Fall der Erklärung nach Abs. 2 Nr. 4 als Bauantrag zu behandeln ist, leitet sie die Unterlagen gleichzeitig mit der Erklärung an die Bauaufsichtsbehörde weiter.

(5) ¹Art. 62 bleibt unberührt. ²Art. 64 Abs. 2 Satz 1, Abs. 4 Sätze 1 und 2, Art. 68 Abs. 5 Nrn. 2 und 3, Abs. 6 und 7 sind entsprechend anzuwenden.

Abschnitt III Genehmigungsverfahren

Art. 59 Vereinfachtes Baugenehmigungsverfahren

¹Außer bei Sonderbauten prüft die Bauaufsichtsbehörde

1. die Übereinstimmung mit den Vorschriften über die Zulässigkeit der baulichen Anlagen nach den §§ 29 bis 38 BauGB und den Regelungen örtlicher Bauvorschriften im Sinn des Art. 81 Abs. 1,

2. beantragte Abweichungen im Sinn des Art. 63 Abs. 1 und Abs. 2 Satz 2 sowie

3. andere öffentlich-rechtliche Anforderungen, soweit wegen der Baugenehmigung eine Entscheidung nach anderen öffentlich-rechtlichen Vorschriften entfällt, ersetzt oder eingeschlossen wird.

²Art. 62 bleibt unberührt.

Art. 60 Baugenehmigungsverfahren

¹Bei genehmigungsbedürftigen baulichen Anlagen, die nicht unter Art. 59 fallen, prüft die Bauaufsichtsbehörde

1. die Übereinstimmung mit den Vorschriften über die Zulässigkeit der baulichen Anlagen nach den §§ 29 bis 38 BauGB,

2. Anforderungen nach den Vorschriften dieses Gesetzes und auf Grund dieses Gesetzes,

3. andere öffentlich-rechtliche Anforderungen, soweit wegen der Baugenehmigung eine Entscheidung nach anderen öffentlich-rechtlichen Vorschriften entfällt, ersetzt oder eingeschlossen wird. ²Art. 62 bleibt unberührt.

Art. 61 Bauvorlageberechtigung

(1) Bauvorlagen für die nicht verfahrensfreie Errichtung und Änderung von Gebäuden müssen von einem Entwurfsverfasser unterschrieben sein, der bauvorlageberechtigt ist.

(2) ¹Bauvorlageberechtigt ist,

1. wer in Bayern die Berufsbezeichnung „Architekt" oder „Architektin" führen darf,

2. wer in die von der Bayerischen Ingenieurekammer-Bau zu führende Liste der bauvorlageberechtigten Ingenieure eingetragen ist; einzutragen ist, wer

   a) als Angehöriger einer Fachrichtung des Bauingenieurwesens auf Grund des Ingenieurgesetzes die Berufsbezeichnung „Ingenieur" oder „Ingenieurin" zu führen berechtigt ist und

   b) eine praktische Tätigkeit in dieser Fachrichtung von mindestens drei Jahren ausgeübt hat;

   Art. 6 des Baukammerngesetzes (BauKaG) gilt entsprechend.

²Die Anforderungen nach Satz 1 Nr. 2 braucht nicht nachzuweisen, wer bereits in einem anderen Land in eine entsprechende Liste eingetragen ist und für die Eintragung mindestens diese Anforderungen zu erfüllen hatte.

(3) Bauvorlageberechtigt sind ferner die Angehörigen der Fachrichtungen Architektur, Hochbau oder Bauingenieurwesen, die nach dem Ingenieurgesetz die Berufsbezeichnung „Ingenieur" oder „Ingenieurin" führen dürfen, sowie die staatlich geprüften Techniker der Fachrichtung Bautechnik und die Handwerksmeister des Bau- und Zimmererfachs für

1. Wohngebäude mit bis zu je drei Wohnungen, auch in der Form von Doppelhäusern, es sei denn, es handelt sich um Hausgruppen, wenn die dritte Wohnung in der ersten Ebene des Dachgeschosses liegt,

2. eingeschossige gewerblich genutzte Gebäude bis zu 250 m² Grundfläche und bis zu 12 m freie Stützweite,

3. landwirtschaftliche Betriebsgebäude bis zu zwei Vollgeschossen,

4. Garagen bis zu 100 m² Nutzfläche,

5. Behelfsbauten und Nebengebäude,

6. Gewächshäuser,

7. einfache Änderungen von sonstigen Gebäuden.

(4) Bauvorlageberechtigt ist ferner, wer

1. unter Beschränkung auf sein Fachgebiet Bauvorlagen aufstellt, die üblicherweise von Fachkräften mit einer anderen Ausbildung als sie die in Abs. 2 genannten Personen haben, aufgestellt werden,

2. die Befähigung zum höheren oder gehobenen bautechnischen Verwaltungsdienst besitzt, für seine Tätigkeit für seinen Dienstherrn,

3. die Berufsbezeichnung „Ingenieur" oder „Ingenieurin" in den Fachrichtungen Architektur, Hochbau oder Bauingenieurwesen führen darf, mindestens drei Jahre als Ingenieur oder Ingenieurin tätig war und Bediensteter oder Bedienstete einer juristischen Person des öffentlichen Rechts ist, für die dienstliche Tätigkeit,

4. die Berufsbezeichnung „Innenarchitekt" oder „Innenarchitektin" führen darf, für die mit der Berufsaufgabe verbundenen baulichen Änderungen von Gebäuden,

5. Ingenieur oder Ingenieurin der Fachrichtung Innenausbau ist und eine praktische Tätigkeit in dieser Fachrichtung von mindestens zwei Jahren ausgeübt hat, für die Planung von Innenräumen und die damit verbundenen baulichen Änderungen von Gebäuden,

6. einen Studiengang der Fachrichtung Holzbau und Ausbau, den das Staatsministerium des Innern als gleichwertig mit einer Ausbildung nach Abs. 3 einschließlich der Anforderungen auf Grund der Verordnung nach Art. 80 Abs. 3 anerkannt hat, erfolgreich abgeschlossen hat, für die Bauvorhaben nach Abs. 3, sofern sie in Holzbauweise errichtet werden.

(5) [1]Wer die Voraussetzungen der Abs. 2 bis 4 nicht erfüllt, ist bauvorlageberechtigt, wenn er in Ausübung seiner hauptberuflichen Tätigkeit in der Zeit vom 1. Oktober 1971 bis einschließlich 30. September 1974 als Entwurfsverfasser Bauvorlagen gefertigt hat oder unter seiner Verantwortung hat fertigen lassen, im Sinn des Art. 64 Abs. 4 Satz 1 unterschrieben und bei der zuständigen Behörde im Freistaat Bayern eingereicht und diese Voraussetzungen innerhalb der Ausschlussfrist von einem Jahr ab 1. Juli 1978 der zuständigen Behörde gegenüber nachgewiesen hat. [2]Diese erteilt ihm über das Ergebnis dieser Prüfung eine Bescheinigung. [3]Zuständige Behörde ist die Regierung, in deren Bezirk der Antragsteller seinen Wohnsitz oder seine Betriebsniederlassung hat.

(6) [1]Unternehmen dürfen Bauvorlagen als Entwurfsverfasser unterschreiben, wenn sie diese unter der Leitung eines Bauvorlageberechtigten nach den Abs. 2 bis 5 aufstellen. [2]Auf den Bauvorlagen ist der Name des Bauvorlageberechtigten anzugeben.

Art. 62 Bautechnische Nachweise

(1) [1]Die Einhaltung der Anforderungen an die Standsicherheit, den Brand-, Schall-, Wärme- und Erschütterungsschutz ist nach näherer Maßgabe der Verordnung auf Grund des Art. 80 Abs. 4 nachzuweisen (bautechnische Nachweise); das gilt nicht für verfahrensfreie Bauvorhaben, einschließlich der Beseitigung von Anlagen, soweit nicht in diesem Gesetz oder in der Rechtsverordnung auf Grund Art. 80 Abs. 4 anderes bestimmt ist. [2]Die Bauvorlageberechtigung nach Art. 61 Abs. 2, 3 und 4 Nrn. 2 bis 6 schließt die Berechtigung zur Erstellung der bautechnischen Nachweise ein, soweit nicht nachfolgend Abweichendes bestimmt ist.

(2) [1]Bei

1. Gebäuden der Gebäudeklassen 1 bis 3,

2. sonstigen baulichen Anlagen, die keine Gebäude sind,

muss der Standsicherheitsnachweis von einem Bauingenieur oder einem Architekten mit einer mindestens dreijährigen Berufserfahrung in der Tragwerksplanung erstellt sein, der in einer von der Bayerischen Ingenieurekammer-Bau oder der Bayerischen Architektenkammer zu führenden Liste eingetragen ist, für die Art. 6 BauKaG entsprechend gilt; zur Erstellung des Standsicherheitsnachweises im Rahmen ihrer Bauvorlageberechtigung sind auch staatlich geprüfte Techniker der Fachrichtung Bautechnik und Handwerksmeister des Bau- und Zimmererfachs berechtigt, wenn sie mindestens drei Jahre zusammenhängende Berufserfahrung nachweisen und die durch Rechtsverordnung gemäß Art. 80 Abs. 3 näher bestimmte Zusatzqualifikation besitzen, sowie Bauvorlageberechtigte nach Art. 61 Abs. 4 Nr. 6. [2]Auch bei anderen Bauvorhaben darf der Standsicherheitsnachweis von einem Tragwerksplaner nach Satz 1 Halbsatz 1 erstellt werden. [3]Bei Gebäuden der Gebäudeklasse 4, ausgenommen Sonderbauten sowie Mittel- und Großgaragen im Sinn der Verordnung nach Art. 80 Abs. 1 Satz 1 Nr. 3, muss der Brandschutznachweis erstellt sein von

1. einem für das Bauvorhaben Bauvorlageberechtigten, der die erforderlichen Kenntnisse des Brandschutzes nachgewiesen hat und in einer von der Bayerischen Architektenkammer oder der Bayerischen Ingenieurekammer-Bau zu führenden Liste eingetragen ist,

2. einem Prüfsachverständigen für Brandschutz.

[4]Auch bei anderen Bauvorhaben darf der Brandschutznachweis von einem Brandschutzplaner nach Satz 3 Nr. 2 erstellt werden. [5]Die Anforderungen nach Satz 1 Halbsatz 1 und Satz 3 braucht nicht nachzuweisen, wer bereits in einem anderen Land in eine entsprechende Liste eingetragen ist und für die Eintragung mindestens diese Anforderungen zu erfüllen hatte.

(3) [1]Bei

1. Gebäuden der Gebäudeklassen 4 und 5,

2. wenn dies nach Maßgabe eines in der Rechtsverordnung nach Art. 80 Abs. 4 geregelten Kriterienkatalogs erforderlich ist, bei

   a) Gebäuden der Gebäudeklassen 1 bis 3,

   b) Behältern, Brücken, Stützmauern, Tribünen,

   c) sonstigen baulichen Anlagen, die keine Gebäude sind, mit einer Höhe von mehr als 10 m

muss der Standsicherheitsnachweis bei Sonderbauten durch die Bauaufsichtsbehörde, einen Prüfingenieur oder ein Prüfamt geprüft, im Übrigen durch einen Prüfsachverständigen bescheinigt sein. [2]Das gilt nicht für

1. Wohngebäude der Gebäudeklassen 1 und 2,

2. nicht oder nur zum vorübergehenden Aufenthalt einzelner Personen bestimmte eingeschossige Gebäude mit freien Stützweiten von nicht mehr als 12 m und nicht mehr als 1600 m² Fläche.

[3]Bei

1. Sonderbauten,

2. Mittel- und Großgaragen im Sinn der Verordnung nach Art. 80 Abs. 1 Satz 1 Nr. 3,

3. Gebäuden der Gebäudeklasse 5

muss der Brandschutznachweis durch einen Prüfsachverständigen bescheinigt sein oder wird bauaufsichtlich geprüft.

(4) [1]Außer in den Fällen des Abs. 3 werden bautechnische Nachweise nicht geprüft; Art. 63 bleibt unberührt. [2]Werden bautechnische Nachweise durch einen Prüfsachverständigen bescheinigt, gelten die entsprechenden Anforderungen auch in den Fällen des Art. 63 als eingehalten. [3]Einer Prüfung durch die Bauaufsichtsbehörde, einen Prüfingenieur oder ein Prüfamt oder einer Bescheinigung durch einen Prüfsachverständigen bedarf es ferner nicht, soweit für das Bauvorhaben Standsicherheitsnachweise vorliegen, die von einem Prüfamt allgemein geprüft sind (Typenprüfung); Typenprüfungen anderer Länder gelten auch im Freistaat Bayern.

Art. 63 Abweichungen

(1) [1]Die Bauaufsichtsbehörde kann Abweichungen von Anforderungen dieses Gesetzes und auf Grund dieses Gesetzes erlassener Vorschriften zulassen, wenn sie unter Berücksichtigung des Zwecks der jeweiligen Anforderung und unter Würdigung der öffentlich-rechtlich geschützten nachbarlichen Belange mit den öffentlichen Belangen, insbesondere den Anforderungen des Art. 3 Abs. 1 vereinbar sind; Art. 3 Abs. 2 Satz 3 bleibt unberührt. [2]Der Zulassung einer Abweichung bedarf es nicht, wenn bautechnische Nachweise durch einen Prüfsachverständigen bescheinigt werden.

(2) [1]Die Zulassung von Abweichungen nach Abs. 1 Satz 1, von Ausnahmen und Befreiungen von den Festsetzungen eines Bebauungsplans, einer sonstigen städtebaulichen Satzung nach § 31 BauGB oder von Regelungen der Baunutzungsverordnung über die zulässige Art der baulichen Nutzung nach § 34 Abs. 2 Halbsatz 2 BauGB ist gesondert schriftlich zu beantragen; der Antrag ist zu begründen. [2]Für Anlagen, die keiner Genehmigung bedürfen, sowie für Abweichungen von Vorschriften, die im Genehmigungsverfahren nicht geprüft werden, gilt Satz 1 entsprechend.

(3) [1]Über Abweichungen nach Abs. 1 Satz 1 von örtlichen Bauvorschriften sowie über Ausnahmen und Befreiungen nach Abs. 2 Satz 1 entscheidet bei verfahrensfreien Bauvorhaben die Gemeinde nach Maßgabe der Abs. 1 und 2. [2]Im Übrigen lässt die Bauaufsichtsbehörde Abweichungen von örtlichen Bauvorschriften im Einvernehmen mit der Gemeinde zu; § 36 Abs. 2 Satz 2 BauGB gilt entsprechend.

Art. 64 Bauantrag, Bauvorlagen

(1) [1]Der Bauantrag ist schriftlich bei der Gemeinde einzureichen. [2]Diese legt ihn, sofern sie nicht selbst zur Entscheidung zuständig ist, mit ihrer Stellungnahme unverzüglich bei der Bauaufsichtsbehörde vor. [3]Die Gemeinden können die Ergänzung oder Berichtigung unvollständiger oder unrichtiger Bauanträge verlangen.

(2) [1]Mit dem Bauantrag sind alle für die Beurteilung des Bauvorhabens und die Bearbeitung des Bauantrags erforderlichen Unterlagen (Bauvorlagen) einzureichen. [2]Es kann gestattet werden, dass einzelne Bauvorlagen nachgereicht werden.

(3) In besonderen Fällen kann zur Beurteilung der Einwirkung des Bauvorhabens auf die Umgebung verlangt werden, dass es in geeigneter Weise auf dem Baugrundstück dargestellt wird.

(4) [1]Der Bauherr und der Entwurfsverfasser haben den Bauantrag und die Bauvorlagen zu unterschreiben. [2]Die von Fachplanern nach Art. 51 Abs. 2 bearbeiteten

Unterlagen müssen auch von diesen unterschrieben sein. [3]Soweit der Eigentümer oder der Erbbauberechtigte dem Bauvorhaben zugestimmt hat, ist er verpflichtet, bauaufsichtliche Maßnahmen zu dulden, die aus Nebenbestimmungen der Baugenehmigung herrühren.

Art. 65   Behandlung des Bauantrags

(1) [1]Die Bauaufsichtsbehörde hört zum Bauantrag diejenigen Stellen,

1. deren Beteiligung oder Anhörung für die Entscheidung über den Bauantrag durch Rechtsvorschrift vorgeschrieben ist, oder

2. ohne deren Stellungnahme die Genehmigungsfähigkeit des Bauantrags nicht beurteilt werden kann;

die Beteiligung oder Anhörung entfällt, wenn die jeweilige Stelle dem Bauantrag bereits vor Einleitung des Baugenehmigungsverfahrens zugestimmt hat. [2]Bedarf die Erteilung der Baugenehmigung der Zustimmung oder des Einvernehmens einer anderen Körperschaft, Behörde oder sonstigen Stelle, so gilt diese als erteilt, wenn sie nicht einen Monat nach Eingang des Ersuchens verweigert wird; von der Frist nach Halbsatz 1 abweichende Regelungen durch Rechtsvorschrift bleiben unberührt. [3]Stellungnahmen bleiben unberücksichtigt, wenn sie nicht innerhalb eines Monats nach Aufforderung zur Stellungnahme bei der Bauaufsichtsbehörde eingehen, es sei denn, die verspätete Stellungnahme ist für die Rechtmäßigkeit der Entscheidung über den Bauantrag von Bedeutung.

(2) [1]Ist der Bauantrag unvollständig oder weist er sonstige erhebliche Mängel auf, fordert die Bauaufsichtsbehörde den Bauherrn zur Behebung der Mängel innerhalb einer angemessenen Frist auf. [2]Werden die Mängel innerhalb der Frist nicht behoben, gilt der Antrag als zurückgenommen.

Art. 66   Beteiligung des Nachbarn

(1) [1]Den Eigentümern der benachbarten Grundstücke sind vom Bauherrn oder seinem Beauftragten der Lageplan und die Bauzeichnungen zur Unterschrift vorzulegen. [2]Die Unterschrift gilt als Zustimmung. [3]Fehlt die Unterschrift des Eigentümers eines benachbarten Grundstücks, kann ihn die Gemeinde auf Antrag des Bauherrn von dem Bauantrag benachrichtigen und ihm eine Frist für seine Äußerung setzen. [4]Hat er die Unterschrift bereits schriftlich gegenüber der Gemeinde oder der Bauaufsichtsbehörde verweigert, unterbleibt die Benachrichtigung. [5]Ist ein zu benachrichtigender Eigentümer nur unter Schwierigkeiten zu ermitteln oder zu benachrichtigen, so genügt die Benachrichtigung des unmittelbaren Besitzers. [6]Hat ein Nachbar nicht zugestimmt oder wird seinen Einwendungen nicht entsprochen, so ist ihm eine Ausfertigung der Baugenehmigung zuzustellen.

(2) [1]Der Nachbar ist Beteiligter im Sinn des Art. 13 Abs. 1 Nr. 1 BayVwVfG. [2]Art. 28 BayVwVfG findet keine Anwendung. [3]Sind an einem Baugenehmigungsverfahren mindestens zehn Nachbarn im gleichen Interesse beteiligt, ohne vertreten zu sein, so kann die Bauaufsichtsbehörde sie auffordern, innerhalb einer angemessenen Frist einen Vertreter zu bestellen; Art. 18 Abs. 1 Sätze 2 und 3, Abs. 2 BayVwVfG finden

Anwendung. ⁴Bei mehr als 20 Beteiligten im Sinn des Satzes 3 kann die Zustellung nach Abs. 1 Satz 6 durch öffentliche Bekanntmachung ersetzt werden; die Bekanntmachung hat den verfügenden Teil der Baugenehmigung, die Rechtsbehelfsbelehrung sowie einen Hinweis darauf zu enthalten, wo die Akten des Baugenehmigungsverfahrens eingesehen werden können. ⁵Sie ist im amtlichen Veröffentlichungsblatt der zuständigen Bauaufsichtsbehörde bekannt zu machen. ⁶Die Zustellung gilt mit dem Tag der Bekanntmachung als bewirkt.

(3) ¹Ein Erbbauberechtigter tritt an die Stelle des Eigentümers. ²Ist Eigentümer des Nachbargrundstücks eine Eigentümergemeinschaft nach dem Wohnungseigentumsgesetz, so genügt die Vorlage nach Abs. 1 Satz 1 an den Verwalter; seine Unterschrift gilt jedoch nicht als Zustimmung der einzelnen Wohnungseigentümer. ³Der Eigentümer des Nachbargrundstücks nimmt auch die Rechte des Mieters oder Pächters wahr, die aus deren Eigentumsgrundrecht folgen.

(4) ¹Bei baulichen Anlagen, die auf Grund ihrer Beschaffenheit oder ihres Betriebs geeignet sind, die Allgemeinheit oder die Nachbarschaft zu gefährden, zu benachteiligen oder zu belästigen, kann die Bauaufsichtsbehörde auf Antrag des Bauherrn an Stelle der Nachbarbeteiligung nach Abs. 1 Sätze 1 bis 5 das Bauvorhaben in ihrem amtlichen Veröffentlichungsblatt und außerdem in örtlichen Tageszeitungen, die im Bereich des Standorts der Anlage verbreitet sind, öffentlich bekannt machen. ²Mit Ablauf einer Frist von einem Monat nach der Bekanntmachung des Bauvorhabens sind alle öffentlich-rechtlichen Einwendungen gegen das Bauvorhaben ausgeschlossen. ³Die Zustellung der Baugenehmigung nach Abs. 1 Satz 6 kann durch öffentliche Bekanntmachung ersetzt werden; Abs. 2 Satz 6 sowie Satz 1 gelten entsprechend. ⁴In der Bekanntmachung nach Satz 1 ist darauf hinzuweisen,

1. wo und wann Beteiligte im Sinn des Abs. 2 Satz 1 und des Abs. 3 nach Art. 29 BayVwVfG die Akten des Verfahrens einsehen können,
2. wo und wann Beteiligte im Sinn des Abs. 2 Satz 1 und des Abs. 3 Einwendungen gegen das Bauvorhaben vorbringen können,
3. welche Rechtsfolgen mit Ablauf der Frist des Satzes 2 eintreten und
4. dass die Zustellung der Baugenehmigung durch öffentliche Bekanntmachung ersetzt werden kann.

Art. 67 Ersetzung des gemeindlichen Einvernehmens

(1) ¹Hat eine Gemeinde ihr nach Städtebaurecht oder nach Art. 63 Abs. 3 Satz 2 Halbsatz 1 erforderliches Einvernehmen rechtswidrig versagt und besteht ein Rechtsanspruch auf Erteilung der Genehmigung, kann das fehlende Einvernehmen nach Maßgabe der Abs. 2 bis 4 ersetzt werden. ²Ein Rechtsanspruch auf Ersetzung des gemeindlichen Einvernehmens besteht nicht.

(2) Art. 112 der Gemeindeordnung (GO) findet keine Anwendung.

(3) ¹Die Genehmigung gilt zugleich als Ersatzvornahme im Sinn des Art. 113 GO; sie ist insoweit zu begründen. ²Entfällt die aufschiebende Wirkung der Anfechtungsklage gegen die Genehmigung nach § 80 Abs. 2 Satz 1 Nr. 3 oder 4 VwGO, hat die

Anfechtungsklage auch insoweit keine aufschiebende Wirkung, als die Genehmigung als Ersatzvornahme gilt.

(4) ¹Die Gemeinde ist vor Erlass der Genehmigung anzuhören. ²Dabei ist ihr Gelegenheit zu geben, binnen angemessener Frist erneut über das gemeindliche Einvernehmen zu entscheiden.

Art. 68 Baugenehmigung und Baubeginn

(1) ¹Die Baugenehmigung ist zu erteilen, wenn dem Bauvorhaben keine öffentlichrechtlichen Vorschriften entgegenstehen, die im bauaufsichtlichen Genehmigungsverfahren zu prüfen sind. ²Die durch eine Umweltverträglichkeitsprüfung ermittelten, beschriebenen und bewerteten Umweltauswirkungen sind nach Maßgabe der hierfür geltenden Vorschriften zu berücksichtigen.

(2) ¹Die Baugenehmigung bedarf der Schriftform; Art. 3a BayVwVfG findet keine Anwendung. ²Sie ist nur insoweit zu begründen, als ohne Zustimmung des Nachbarn von nachbarschützenden Vorschriften abgewichen wird oder der Nachbar gegen das Bauvorhaben schriftlich Einwendungen erhoben hat; Art. 39 Abs. 2 Nr. 2 BayVwVfG bleibt unberührt. ³Sie ist mit einer Ausfertigung der mit einem Genehmigungsvermerk zu versehenden Bauvorlagen dem Antragsteller und, wenn diese dem Bauvorhaben nicht zugestimmt hat, der Gemeinde zuzustellen.

(3) Wird die Baugenehmigung unter Auflagen oder Bedingungen erteilt, kann eine Sicherheitsleistung verlangt werden.

(4) Die Baugenehmigung wird unbeschadet der privaten Rechte Dritter erteilt.

(5) Mit der Bauausführung oder mit der Ausführung des jeweiligen Bauabschnitts darf erst begonnen werden, wenn

1. die Baugenehmigung dem Bauherrn zugegangen ist sowie
2. die Bescheinigungen nach Art. 62 Abs. 3 und
3. die Baubeginnsanzeige

der Bauaufsichtsbehörde vorliegen.

(6) ¹Vor Baubeginn müssen die Grundfläche der baulichen Anlage abgesteckt und ihre Höhenlage festgelegt sein. ²Die Bauaufsichtsbehörde kann verlangen, dass Absteckung und Höhenlage von ihr abgenommen oder die Einhaltung der festgelegten Grundfläche und Höhenlage nachgewiesen wird. ³Baugenehmigungen, Bauvorlagen, bautechnische Nachweise, soweit es sich nicht um Bauvorlagen handelt, sowie Bescheinigungen von Prüfsachverständigen müssen an der Baustelle von Baubeginn an vorliegen.

(7) Der Bauherr hat den Ausführungsbeginn genehmigungspflichtiger Bauvorhaben und die Wiederaufnahme der Bauarbeiten nach einer Unterbrechung von mehr als sechs Monaten mindestens eine Woche vorher der Bauaufsichtsbehörde schriftlich mitzuteilen (Baubeginnsanzeige).

Art. 69 Geltungsdauer der Baugenehmigung und der Teilbaugenehmigung

(1) Sind in ihnen keine anderen Fristen bestimmt, erlöschen die Baugenehmigung und die Teilbaugenehmigung, wenn innerhalb von vier Jahren nach ihrer Erteilung

mit der Ausführung des Bauvorhabens nicht begonnen oder die Bauausführung vier Jahre unterbrochen worden ist; die Einlegung eines Rechtsbehelfs hemmt den Lauf der Frist bis zur Unanfechtbarkeit der Genehmigung.
(2) [1]Die Frist nach Abs. 1 kann auf schriftlichen Antrag jeweils bis zu zwei Jahre verlängert werden. [2]Sie kann auch rückwirkend verlängert werden, wenn der Antrag vor Fristablauf bei der Bauaufsichtsbehörde eingegangen ist.

Art. 70   Teilbaugenehmigung

[1]Ist ein Bauantrag eingereicht, kann der Beginn der Bauarbeiten für die Baugrube und für einzelne Bauteile oder Bauabschnitte auf schriftlichen Antrag schon vor Erteilung der Baugenehmigung gestattet werden (Teilbaugenehmigung); eine Teilbaugenehmigung kann auch für die Errichtung einer baulichen Anlage unter Vorbehalt der künftigen Nutzung erteilt werden, wenn und soweit die Genehmigungsfähigkeit der baulichen Anlage nicht von deren künftiger Nutzung abhängt. [2]Art. 67 und 68 gelten entsprechend.

Art. 71   Vorbescheid

[1]Vor Einreichung des Bauantrags ist auf Antrag des Bauherrn zu einzelnen Fragen des Bauvorhabens ein Vorbescheid zu erteilen. [2]Der Vorbescheid gilt drei Jahre, soweit in ihm keine andere Frist bestimmt ist. [3]Die Frist kann auf schriftlichen Antrag jeweils bis zu zwei Jahre verlängert werden. [4]Art. 64 bis 67, Art. 68 Abs. 1 bis 4 und Art. 69 Abs. 2 Satz 2 gelten entsprechend; die Bauaufsichtsbehörde kann von der Anwendung des Art. 66 absehen, wenn der Bauherr dies beantragt.

Art. 72   Genehmigung fliegender Bauten

(1) [1]Fliegende Bauten sind bauliche Anlagen, die geeignet und bestimmt sind, wiederholt an wechselnden Orten aufgestellt und zerlegt zu werden. [2]Zu den fliegenden Bauten zählen auch die Fahrgeschäfte. [3]Baustelleneinrichtungen gelten nicht als fliegende Bauten.
(2) [1]Fliegende Bauten dürfen nur aufgestellt und in Gebrauch genommen werden, wenn vor ihrer erstmaligen Aufstellung oder Ingebrauchnahme eine Ausführungsgenehmigung erteilt worden ist. [2]Die Ausführungsgenehmigung wird für eine bestimmte Frist erteilt, die höchstens fünf Jahre betragen soll; sie kann auf schriftlichen Antrag von der für die Ausführungsgenehmigung zuständigen Behörde oder der nach Art. 80 Abs. 5 Nr. 5 bestimmten Stelle jeweils um bis zu fünf Jahre verlängert werden, wenn das der Inhaber vor Ablauf der Frist schriftlich beantragt. [3]Die Ausführungsgenehmigung kann vorschreiben, dass der fliegende Bau vor jeder Inbetriebnahme oder in bestimmten zeitlichen Abständen jeweils vor einer Inbetriebnahme von einem Sachverständigen abgenommen wird. [4]Ausführungsgenehmigungen anderer Länder der Bundesrepublik Deutschland gelten auch im Freistaat Bayern.

(3) Keiner Ausführungsgenehmigung bedürfen

1. fliegende Bauten bis zu 5 m Höhe, die nicht dazu bestimmt sind, von Besuchern betreten zu werden,

2. fliegende Bauten mit einer Höhe bis zu 5 m, die für Kinder betrieben werden und eine Geschwindigkeit von höchstens 1 m/s haben,

3. Bühnen, die fliegende Bauten sind, einschließlich Überdachungen und sonstigen Aufbauten mit einer Höhe bis zu 5 m, einer Grundfläche bis zu 100 m² und einer Fußbodenhöhe bis zu 1,50 m,

4. Zelte, die fliegende Bauten sind, mit bis zu 75 m²,

5. Toilettenwagen.

(4) ¹Für jeden genehmigungspflichtigen fliegenden Bau ist ein Prüfbuch anzulegen. ²Wird die Aufstellung oder der Gebrauch des fliegenden Baus wegen Mängeln untersagt, die eine Versagung der Ausführungsgenehmigung rechtfertigen würden, ist das Prüfbuch einzuziehen und der für die Ausführungsgenehmigung zuständigen Behörde oder Stelle zuzuleiten. ³In das Prüfbuch sind einzutragen

1. die Erteilung der Ausführungsgenehmigung und deren Verlängerungen unter Beifügung einer mit einem Genehmigungsvermerk versehenen Ausfertigung der Bauvorlagen,

2. die Übertragung des fliegenden Baus an Dritte,

3. die Änderung der für die Ausführungsgenehmigung zuständigen Behörde oder Stelle,

4. Durchführung und Ergebnisse bauaufsichtlicher Überprüfungen und Abnahmen,

5. die Einziehung des Prüfbuchs nach Satz 2.

⁴Umstände, die zu Eintragungen nach Nrn. 2 und 3 führen, hat der Inhaber der Ausführungsgenehmigung der dafür zuletzt zuständigen Behörde oder Stelle unverzüglich anzuzeigen.

(5) ¹Die beabsichtigte Aufstellung genehmigungspflichtiger fliegender Bauten ist der Bauaufsichtsbehörde mindestens eine Woche zuvor unter Vorlage des Prüfbuchs anzuzeigen, es sei denn, dass dies nach der Ausführungsgenehmigung nicht erforderlich ist. ²Genehmigungsbedürftige fliegende Bauten dürfen nur in Betrieb genommen werden, wenn

1. sie von der Bauaufsichtsbehörde abgenommen worden sind (Gebrauchsabnahme), es sei denn, dass dies nach der Ausführungsgenehmigung nicht erforderlich ist oder die Bauaufsichtsbehörde im Einzelfall darauf verzichtet, und

2. in der Ausführungsgenehmigung vorgeschriebene Abnahmen durch Sachverständige nach Abs. 2 Satz 3 vorgenommen worden sind.

(6) ¹Auf fliegende Bauten, die der Landesverteidigung oder dem Katastrophenschutz dienen, finden die Abs. 1 bis 5 und Art. 73 keine Anwendung. ²Sie bedürfen auch keiner Baugenehmigung.

Art. 73 Bauaufsichtliche Zustimmung

(1) ¹Nicht verfahrensfreie Bauvorhaben bedürfen keiner Baugenehmigung, Genehmigungsfreistellung und Bauüberwachung (Art. 58, 68, 77 und 78), wenn

1. die Leitung der Entwurfsarbeiten und die Bauüberwachung einer Baudienststelle des Bundes, eines Landes oder eines Bezirks übertragen und

2. die Baudienststelle mindestens mit einem Bediensteten mit der Befähigung zum höheren bautechnischen Verwaltungsdienst und mit sonstigen geeigneten Fachkräften ausreichend besetzt

ist. [2]Solche Bauvorhaben bedürfen der Zustimmung der Regierung (Zustimmungsverfahren). [3]Die Zustimmung der Regierung entfällt, wenn die Gemeinde nicht widerspricht und die Nachbarn dem Bauvorhaben zustimmen. [4]Keiner Baugenehmigung, Genehmigungsfreistellung oder Zustimmung bedürfen unter den Voraussetzungen des Satzes 1 Baumaßnahmen in oder an bestehenden Gebäuden, soweit sie nicht zur Erweiterung des Bauvolumens oder zu einer der Genehmigungspflicht unterliegenden Nutzungsänderung führen.

(2) [1]Der Antrag auf Zustimmung ist bei der Regierung einzureichen. [2]Die Regierung prüft

1. die Übereinstimmung des Bauvorhabens mit den Vorschriften über die Zulässigkeit der baulichen Anlagen nach den §§ 29 bis 38 BauGB und den Regelungen örtlicher Bauvorschriften im Sinn des Art. 81 Abs. 1 sowie

2. andere öffentlich-rechtliche Anforderungen, soweit wegen der Zustimmung eine Entscheidung nach anderen öffentlich-rechtlichen Vorschriften entfällt, ersetzt oder eingeschlossen wird.

[3]Die Regierung entscheidet über Abweichungen von den nach Satz 2 zu prüfenden sowie sonstigen Vorschriften, soweit sie drittschützend sind; darüber hinaus bedarf die Zulässigkeit von Ausnahmen, Befreiungen und Abweichungen keiner bauaufsichtlichen Entscheidung. [4]Die Gemeinde ist vor Erteilung der Zustimmung zu hören; § 36 Abs. 2 Satz 2 Halbsatz 1 BauGB gilt entsprechend. [5]Im Übrigen sind die Vorschriften über das Genehmigungsverfahren entsprechend anzuwenden.

(3) [1]Die Baudienststelle trägt die Verantwortung dafür, dass die Errichtung, die Änderung, die Nutzungsänderung und die Beseitigung baulicher Anlagen den öffentlich-rechtlichen Vorschriften entsprechen; die Verantwortung für die Unterhaltung baulicher Anlagen trägt die Baudienststelle nur, wenn und solang sie der für die Anlage Verantwortliche ausschließlich ihr überträgt. [2]Die Baudienststelle kann Sachverständige in entsprechender Anwendung der Art. 62 Abs. 3 und Art. 77 Abs. 2 sowie der auf Grund des Art. 80 Abs. 2 erlassenen Rechtsverordnung heranziehen. [3]Die Verantwortung des Unternehmers (Art. 52) bleibt unberührt.

(4) [1]Bauvorhaben, die der Landesverteidigung, dienstlichen Zwecken der Bundespolizei oder dem Zivilschutz dienen, sind vor Baubeginn mit Bauvorlagen in dem erforderlichen Umfang der Regierung zur Kenntnis zu bringen. [2]Im Übrigen wirken die Bauaufsichtsbehörden nicht mit.

(5) [1]Für nicht verfahrensfreie Bauvorhaben der Landkreise und Gemeinden gelten die Abs. 1 Sätze 2 bis 4 sowie die Abs. 2 und 3 entsprechend, soweit der Landkreis oder die Gemeinde mindestens mit einem Bediensteten mit der Befähigung zum höheren bautechnischen Verwaltungsdienst und mit sonstigen geeigneten Fachkräften ausrei-

chend besetzt ist. [2]An Stelle der Regierung ist die untere Bauaufsichtsbehörde zuständig.

Abschnitt IV Bauaufsichtliche Maßnahmen

Art. 74 Verbot unrechtmäßig gekennzeichneter Bauprodukte

Sind Bauprodukte entgegen Art. 20 mit dem Ü-Zeichen gekennzeichnet, kann die Bauaufsichtsbehörde die Verwendung dieser Bauprodukte untersagen und deren Kennzeichnung entwerten oder beseitigen lassen.

Art. 75 Einstellung von Arbeiten

(1) [1]Werden Anlagen im Widerspruch zu öffentlich-rechtlichen Vorschriften errichtet, geändert oder beseitigt, kann die Bauaufsichtsbehörde die Einstellung der Arbeiten anordnen. [2]Das gilt auch dann, wenn

1. die Ausführung eines Bauvorhabens entgegen den Vorschriften des Art. 68 Abs. 5 begonnen wurde oder

2. bei der Ausführung

   a) eines genehmigungsbedürftigen Bauvorhabens von den genehmigten Bauvorlagen,

   b) eines genehmigungsfreigestellten Bauvorhabens von den eingereichten Unterlagen

   abgewichen wird,

3. Bauprodukte verwendet werden, die entgegen Art. 15 Abs. 1 keine CE-Kennzeichnung oder kein Ü-Zeichen tragen,

4. Bauprodukte verwendet werden, die unberechtigt mit der CE-Kennzeichnung (Art. 15 Abs. 1 Satz 1 Nr. 2) oder dem Ü-Zeichen (Art. 20 Abs. 4) gekennzeichnet sind.

(2) Werden unzulässige Arbeiten trotz einer schriftlich oder mündlich verfügten Einstellung fortgesetzt, kann die Bauaufsichtsbehörde die Baustelle versiegeln oder die an der Baustelle vorhandenen Bauprodukte, Geräte, Maschinen und Bauhilfsmittel in amtlichen Gewahrsam bringen.

Art. 76 Beseitigung von Anlagen, Nutzungsuntersagung

[1]Werden Anlagen im Widerspruch zu öffentlich-rechtlichen Vorschriften errichtet oder geändert, so kann die Bauaufsichtsbehörde die teilweise oder vollständige Beseitigung der Anlagen anordnen, wenn nicht auf andere Weise rechtmäßige Zustände hergestellt werden können. [2]Werden Anlagen im Widerspruch zu öffentlich-rechtlichen Vorschriften genutzt, so kann diese Nutzung untersagt werden. [3]Die Bauaufsichtsbehörde kann verlangen, dass ein Bauantrag gestellt wird.

Abschnitt V Bauüberwachung

Art. 77 Bauüberwachung

(1) Die Bauaufsichtsbehörde kann die Einhaltung der öffentlich-rechtlichen Vorschriften und Anforderungen und die ordnungsgemäße Erfüllung der Pflichten der am Bau Beteiligten überprüfen.

(2) Die Bauaufsichtsbehörde, der Prüfingenieur, das Prüfamt oder der Prüfsachverständige überwacht nach näherer Maßgabe der Rechtsverordnung nach Art. 80 Abs. 2 die Bauausführung bei baulichen Anlagen

1. nach Art. 62 Abs. 3 Satz 1 hinsichtlich des von ihr oder ihm geprüften oder bescheinigten Standsicherheitsnachweises,

2. nach Art. 62 Abs. 3 Satz 3 hinsichtlich des von ihr oder ihm geprüften oder bescheinigten Brandschutznachweises.

[2]Bei Gebäuden der Gebäudeklasse 4, ausgenommen Sonderbauten sowie Mittel- und Großgaragen im Sinn der Verordnung nach Art. 80 Abs. 1 Satz 1 Nr. 3, ist die mit dem Brandschutznachweis übereinstimmende Bauausführung vom Nachweisersteller oder einem anderen Nachweisberechtigten im Sinn des Art. 62 Abs. 2 Satz 3 zu bestätigen. [3]Wird die Bauausführung durch einen Prüfsachverständigen bescheinigt oder nach Satz 2 bestätigt, gelten insoweit die jeweiligen bauaufsichtlichen Anforderungen als eingehalten.

(3) [1]Bei Bauvorhaben im Sinn des Art. 62 Abs. 3 Satz 2 Nr. 2, ausgenommen land- oder forstwirtschaftliche Betriebsgebäude und gewerbliche Lagergebäude mit freien Stützweiten von nicht mehr als 12 m und mit Grundflächen von nicht mehr als 500 m², ist der Ersteller des Standsicherheitsnachweises nach Art. 62 Abs. 2 Satz 1 auch für die Einhaltung der bauaufsichtlichen Anforderungen an die Standsicherheit bei der Bauausführung verantwortlich. [2]Benennt der Bauherr der Bauaufsichtsbehörde einen anderen Tragwerksplaner im Sinn des Art. 62 Abs. 2 Satz 1, ist dieser nach Satz 1 verantwortlich.

(4) Im Rahmen der Bauüberwachung können Proben von Bauprodukten, soweit erforderlich, auch aus fertigen Bauteilen zu Prüfzwecken entnommen werden.

(5) Im Rahmen der Bauüberwachung ist jederzeit Einblick in die Genehmigungen, Zulassungen, Prüfzeugnisse, Übereinstimmungszertifikate, Zeugnisse und Aufzeichnungen über die Prüfungen von Bauprodukten, in die Bautagebücher und andere vorgeschriebene Aufzeichnungen zu gewähren.

Art. 78 Bauzustandsanzeigen, Aufnahme der Nutzung

(1) [1]Die Bauaufsichtsbehörde, der Prüfingenieur, das Prüfamt oder der Prüfsachverständige kann verlangen, dass ihm Beginn und Beendigung bestimmter Bauarbeiten angezeigt werden. [2]Die Bauarbeiten dürfen erst fortgesetzt werden, wenn die Bauaufsichtsbehörde, der Prüfingenieur, das Prüfamt oder der Prüfsachverständige der Fortführung der Bauarbeiten zugestimmt hat.

(2) ¹Der Bauherr hat die beabsichtigte Aufnahme der Nutzung einer nicht verfahrensfreien baulichen Anlage mindestens zwei Wochen vorher der Bauaufsichtsbehörde anzuzeigen. ²Mit der Anzeige nach Satz 1 sind vorzulegen

1. bei Bauvorhaben nach Art. 62 Abs. 3 Satz 1 eine Bescheinigung des Prüfsachverständigen über die ordnungsgemäße Bauausführung hinsichtlich der Standsicherheit,

2. bei Bauvorhaben nach Art. 62 Abs. 3 Satz 3 eine Bescheinigung des Prüfsachverständigen über die ordnungsgemäße Bauausführung hinsichtlich des Brandschutzes (Art. 77 Abs. 2 Satz 1), soweit kein Fall des Art. 62 Abs. 3 Satz 3 zweite Alternative vorliegt,

3. in den Fällen des Art. 77 Abs. 2 Satz 2 die jeweilige Bestätigung.

³Eine bauliche Anlage darf erst benutzt werden, wenn sie selbst, Zufahrtswege, Wasserversorgungs- und Abwasserentsorgungs- sowie Gemeinschaftsanlagen in dem erforderlichen Umfang sicher benutzbar sind, nicht jedoch vor dem in Satz 1 bezeichneten Zeitpunkt.

(3) Feuerstätten dürfen erst in Betrieb genommen werden, wenn der Bezirkskaminkehrermeister die Tauglichkeit und die sichere Benutzbarkeit der Abgasanlagen bescheinigt hat; ortsfeste Verbrennungsmotoren und Blockheizkraftwerke dürfen erst dann in Betrieb genommen werden, wenn er die Tauglichkeit und sichere Benutzbarkeit der Leitungen zur Abführung von Verbrennungsgasen bescheinigt hat.

Sechster Teil
Ordnungswidrigkeiten, Rechtsvorschriften

Art. 79 Ordnungswidrigkeiten

(1) ¹Mit Geldbuße bis zu fünfhunderttausend Euro kann belegt werden, wer vorsätzlich oder fahrlässig

1. einem Gebot oder Verbot einer Rechtsverordnung nach Art. 80 Abs. 1 bis 4 oder einer Satzung nach Art. 81 Abs. 1 oder einer vollziehbaren Anordnung der Bauaufsichtsbehörde auf Grund einer solchen Rechtsverordnung oder Satzung zuwiderhandelt, sofern die Rechtsverordnung oder die Satzung für einen bestimmten Tatbestand auf diese Bußgeldvorschrift verweist,

2. einer vollziehbaren schriftlichen Anordnung der Bauaufsichtsbehörde auf Grund dieses Gesetzes zuwiderhandelt,

3. entgegen Art. 9 Abs. 1 eine Baustelle nicht ordnungsgemäß einrichtet, entgegen Art. 9 Abs. 2 Verkehrsflächen, Versorgungs-, Abwasserbeseitigungs- oder Meldeanlagen, Grundwassermessstellen, Vermessungszeichen, Abmarkungszeichen oder Grenzzeichen nicht schützt oder zugänglich hält oder entgegen Art. 9 Abs. 3 ein Schild nicht oder nicht ordnungsgemäß anbringt,

4. Bauprodukte entgegen Art. 15 Abs. 1 Nr. 1 ohne Ü-Zeichen verwendet,

5. entgegen Art. 19 Abs. 1 Sätze 1 und 2, auch in Verbindung mit einer Rechtsverordnung nach Art. 19 Abs. 2, Bauarten anwendet,

6. entgegen Art. 20 Abs. 5 ein Ü-Zeichen nicht oder nicht ordnungsgemäß anbringt,

7. als Verfügungsberechtigter entgegen Art. 5 Abs. 2 Satz 1 Halbsatz 2 Zu- oder Durchfahrten, Aufstellflächen oder Bewegungsflächen nicht frei hält,

8. entgegen Art. 55 Abs. 1, Art. 63 Abs. 1 Satz 1 oder Art. 70 bauliche Anlagen errichtet, ändert oder benutzt oder entgegen Art. 57 Abs. 5 Satz 2 eine Beseitigung nicht oder nicht rechtzeitig anzeigt,

9. entgegen Art. 58 Abs. 3 Sätze 3 und 4, auch in Verbindung mit Satz 5, mit der Ausführung eines Bauvorhabens beginnt,

10. entgegen Art. 72 Abs. 2 Satz 1 fliegende Bauten aufstellt oder einer nach Art. 72 Abs. 2 Satz 3 mit einer Ausführungsgenehmigung verbundenen vollziehbaren Auflage zuwiderhandelt oder entgegen Art. 72 Abs. 5 Satz 1 die Aufstellung eines fliegenden Baus nicht oder nicht rechtzeitig anzeigt oder entgegen Art. 72 Abs. 5 Satz 2 einen fliegenden Bau in Gebrauch nimmt,

11. entgegen Art. 68 Abs. 5, auch in Verbindung mit Art. 57 Abs. 5 Satz 6, mit der Bauausführung, der Ausführung eines Bauabschnitts oder der Beseitigung einer Anlage beginnt, entgegen Art. 78 Abs. 1 Bauarbeiten fortsetzt, entgegen Art. 78 Abs. 2 Satz 1 in Verbindung mit Satz 2 die Aufnahme der Nutzung nicht, nicht rechtzeitig oder nicht richtig anzeigt oder entgegen Art. 78 Abs. 3 Feuerstätten, Verbrennungsmotore oder Blockheizkraftwerke in Betrieb nimmt,

12. entgegen Art. 68 Abs. 7 den Ausführungsbeginn oder die Wiederaufnahme der Bauarbeiten nicht oder nicht rechtzeitig mitteilt,

13. entgegen Art. 50 Abs. 1 Satz 1 keine geeigneten Beteiligten bestellt oder entgegen Art. 50 Abs. 1 Satz 3 eine Mitteilung nicht oder nicht rechtzeitig erstattet oder entgegen Art. 52 Abs. 1 Satz 2 einen Nachweis nicht erbringt oder nicht bereithält.

[2]Ist eine Ordnungswidrigkeit nach Satz 1 Nrn. 9 bis 11 begangen worden, können Gegenstände, auf die sich die Ordnungswidrigkeit bezieht, eingezogen werden; § 23 des Gesetzes über Ordnungswidrigkeiten (OWiG) ist anzuwenden.

(2) Mit einer Geldbuße bis zu fünfhunderttausend Euro belegt werden kann ferner, wer

1. unrichtige Angaben macht oder unrichtige Pläne oder Unterlagen vorlegt, um einen nach diesem Gesetz vorgesehenen Verwaltungsakt zu erwirken oder zu verhindern,

2. ohne dazu berechtigt zu sein, bautechnische Nachweise im Sinn des Art. 57 Abs. 5 Satz 3, des Art. 62 Abs. 1 Satz 1 Halbsatz 1 oder des Art. 78 Abs. 2 Satz 2 erstellt, bescheinigt oder bestätigt,

3. als Prüfsachverständiger unrichtige Bescheinigungen über die Einhaltung bauordnungsrechtlicher Anforderungen ausstellt.

Art. 80 Rechtsverordnungen

(1) [1]Zur Verwirklichung der in Art. 3 Abs. 1 bezeichneten Anforderungen wird das Staatsministerium des Innern ermächtigt, durch Rechtsverordnung Vorschriften zu erlassen über

1. die nähere Bestimmung allgemeiner Anforderungen der Art. 4 bis 46,

2. Anforderungen an Feuerungsanlagen (Art. 40),

3. Anforderungen an Garagen (Art. 2 Abs. 8),

4. besondere Anforderungen oder Erleichterungen, die sich aus der besonderen Art oder Nutzung der baulichen Anlagen für Errichtung, Änderung, Unterhaltung, Betrieb und Nutzung ergeben (Art. 2 Abs. 4), sowie über die Anwendung solcher Anforderungen auf bestehende bauliche Anlagen dieser Art,

5. Erst-, Wiederholungs- und Nachprüfung von Anlagen, die zur Verhütung erheblicher Gefahren oder Nachteile ständig ordnungsgemäß unterhalten werden müssen, und die Erstreckung dieser Nachprüfungspflicht auf bestehende Anlagen,

6. die Anwesenheit fachkundiger Personen beim Betrieb technisch schwieriger baulicher Anlagen und Einrichtungen wie Bühnenbetriebe und technisch schwierige fliegende Bauten einschließlich des Nachweises der Befähigung dieser Personen.

[2]In diesen Rechtsverordnungen kann wegen der technischen Anforderungen auf Bekanntmachungen besonders sachverständiger Stellen mit Angabe der Fundstelle verwiesen werden.

(2) [1]Das Staatsministerium des Innern wird ermächtigt, durch Rechtsverordnung Vorschriften zu erlassen über

1. Prüfingenieure und Prüfämter, denen bauaufsichtliche Prüfaufgaben einschließlich der Bauüberwachung und der Bauzustandsbesichtigung übertragen werden, sowie

2. Prüfsachverständige, die im Auftrag des Bauherrn oder des sonstigen nach Bauordnungsrecht Verantwortlichen die Einhaltung bauordnungsrechtlicher Anforderungen prüfen und bescheinigen.

[2]Die Rechtsverordnungen nach Satz 1 regeln, soweit erforderlich,

1. die Fachbereiche und die Fachrichtungen, in denen Prüfingenieure, Prüfämter und Prüfsachverständige tätig werden,

2. die Anerkennungsvoraussetzungen und das Anerkennungsverfahren,

3. Erlöschen, Rücknahme und Widerruf der Anerkennung einschließlich der Festlegung einer Altersgrenze,

4. die Aufgabenerledigung,

5. die Vergütung.

[3]Das Staatsministerium des Innern kann durch Rechtsverordnung ferner

1. den Leitern und stellvertretenden Leitern von Prüfämtern die Stellung eines Prüfsachverständigen nach Satz 1 Nr. 2 zuweisen,

2. soweit für bestimmte Fachbereiche und Fachrichtungen Prüfsachverständige nach Satz 1 Nr. 2 noch nicht in ausreichendem Umfang anerkannt sind, anordnen, dass die von solchen Prüfsachverständigen zu prüfenden und zu bescheinigenden bauordnungsrechtlichen Anforderungen bauaufsichtlich geprüft werden können,

3. soweit Tragwerksplaner nach Art. 62 Abs. 2 Satz 1 Halbsatz 1 oder Brandschutzplaner nach Art. 62 Abs. 2 Satz 3 noch nicht in ausreichendem Umfang eingetragen sind, anordnen, dass die Standsicherheits- oder Brandschutznachweise bauaufsichtlich geprüft werden und die Bauausführung bauaufsichtlich überwacht
wird.

(3) [1]Das Staatsministerium des Innern wird ermächtigt, durch Rechtsverordnung Vorschriften für eine Zusatzqualifikation im Sinn des Art. 62 Abs. 2 Satz 1 zu erlassen,
die bezogen auf die Bauvorhaben nach Art. 61 Abs. 3 Satz 1 ausreichende Kenntnisse
und Fertigkeiten hinsichtlich Standsicherheit, Schall-, Wärme- und baulichen
Brandschutz sicherstellen. [2]Dabei können insbesondere geregelt werden

1. die Notwendigkeit einer staatlichen Anerkennung, die die erfolgreiche Ablegung
der Prüfung voraussetzt,

2. die Voraussetzungen, die Inhalte und das Verfahren für diese Prüfung,

3. das Verfahren sowie die Voraussetzungen der Anerkennung, ihren Widerruf, ihre
Rücknahme und ihr Erlöschen,

4. Weiter- und Fortbildungserfordernisse sowie

5. die Maßnahmen bei Pflichtverletzungen.

(4) [1]Das Staatsministerium des Innern wird ermächtigt, durch Rechtsverordnung Vorschriften zu erlassen über

1. Umfang, Inhalt und Zahl der erforderlichen Unterlagen einschließlich der Vor-
lagen bei der Anzeige der beabsichtigten Beseitigung von Anlagen nach Art. 57
Abs. 5 Satz 2 und bei der Genehmigungsfreistellung nach Art. 58,

2. die erforderlichen Anträge, Anzeigen, Nachweise, Bescheinigungen und Bestäti-
gungen, auch bei verfahrensfreien Bauvorhaben,

3. das Verfahren im Einzelnen.

[2]Es kann dabei für verschiedene Arten von Bauvorhaben unterschiedliche Anforderungen und Verfahren festlegen.

(5) Das Staatsministerium des Innern wird ermächtigt, durch Rechtsverordnung

1. die Zuständigkeit für die Zustimmung und den Verzicht auf Zustimmung im Einzelfall (Art. 18) auf ihm unmittelbar nachgeordnete Behörden zu übertragen,

2. die Zuständigkeit für die Anerkennung von Prüf-, Zertifizierungs- und Überwachungsstellen (Art. 23 Abs. 1 und 3) auf das Deutsche Institut für Bautechnik
zu übertragen,

3. das Ü-Zeichen festzulegen und zu diesem Zeichen zusätzliche Angaben zu verlangen,

4. das Anerkennungsverfahren nach Art. 23 Abs. 1, die Voraussetzungen für die
Anerkennung, ihre Rücknahme, ihren Widerruf und ihr Erlöschen zu regeln, insbesondere auch Altersgrenzen festzulegen, sowie eine ausreichende Haftpflicht-
versicherung zu fordern,

5. zu bestimmen, dass Ausführungsgenehmigungen für fliegende Bauten nur durch
bestimmte Bauaufsichtsbehörden oder durch von ihm bestimmte Stellen erteilt
werden, und die Vergütung dieser Stellen regeln.

(6) [1]Das Staatsministerium des Innern wird ermächtigt, durch Rechtsverordnung zu
bestimmen, dass die Anforderungen der auf Grund des § 14 des Geräte- und Produkt-

sicherheitsgesetzes (GPSG) und des § 49 Abs. 4 des Energiewirtschaftsgesetzes erlassenen Rechtsverordnungen entsprechend für Anlagen gelten, die weder gewerblichen noch wirtschaftlichen Zwecken dienen und in deren Gefahrenbereich auch keine Arbeitnehmer beschäftigt werden. [2]Es kann auch die Verfahrensvorschriften dieser Verordnungen für anwendbar erklären oder selbst das Verfahren bestimmen sowie Zuständigkeiten und Gebühren regeln. [3]Dabei kann es auch vorschreiben, dass danach zu erteilende Erlaubnisse die Baugenehmigung einschließlich der zugehörigen Abweichungen einschließen und dass § 15 Abs. 2 GPSG insoweit Anwendung findet.

(7) [1]Das Staatsministerium des Innern wird ermächtigt, durch Rechtsverordnung die zuständigen Behörden zur Durchführung

1. des Baugesetzbuchs,

2. des § 6 b Abs. 9 des Einkommensteuergesetzes,

3. des Bauproduktengesetzes

in den jeweils geltenden Fassungen zu bestimmen, soweit nicht durch Bundesgesetz oder Landesgesetz etwas anderes vorgeschrieben ist. [2]Die Zuständigkeit zur Durchführung des Bauproduktengesetzes kann auch auf das Deutsche Institut für Bautechnik übertragen werden.

Art. 81 Örtliche Bauvorschriften

(1) Die Gemeinden können durch Satzung im eigenen Wirkungskreis örtliche Bauvorschriften erlassen

1. über besondere Anforderungen an die äußere Gestaltung baulicher Anlagen zur Erhaltung und Gestaltung von Ortsbildern,

2. über das Verbot der Errichtung von Werbeanlagen aus ortsgestalterischen Gründen,

3. über die Lage, Größe, Beschaffenheit, Ausstattung und Unterhaltung von Kinderspielplätzen (Art. 7 Abs. 2),

4. über Zahl, Größe und Beschaffenheit der Stellplätze für Kraftfahrzeuge und der Abstellplätze für Fahrräder, einschließlich des Mehrbedarfs bei Änderungen und Nutzungsänderungen der Anlagen sowie die Ablösung der Herstellungspflicht und die Höhe der Ablösungsbeträge, die nach Art der Nutzung und Lage der Anlage unterschiedlich geregelt werden kann,

5. über die Gestaltung der Plätze für bewegliche Abfallbehälter und der unbebauten Flächen der bebauten Grundstücke sowie über die Notwendigkeit, Art, Gestaltung und Höhe von Einfriedungen; dabei kann bestimmt werden, dass Vorgärten nicht als Arbeitsflächen oder Lagerflächen benutzt werden dürfen,

6. über von Art. 6 abweichende Maße der Abstandsflächentiefe, soweit dies zur Gestaltung des Ortsbildes oder zur Verwirklichung der Festsetzungen einer städtebaulichen Satzung erforderlich ist oder der Verbesserung der Wohnqualität dient und eine ausreichende Belichtung sowie der Brandschutz gewährleistet sind,

7. in Gebieten, in denen es für das Straßen- und Ortsbild oder für den Lärmschutz oder die Luftreinhaltung bedeutsam oder erforderlich ist, darüber, dass auf den

nicht überbaubaren Flächen der bebauten Grundstücke Bäume nicht beseitigt oder beschädigt werden dürfen, und dass die Flächen nicht überbaut werden dürfen. (2) ¹Örtliche Bauvorschriften können auch durch Bebauungsplan oder, soweit das Baugesetzbuch dies vorsieht, durch andere Satzungen nach den Vorschriften des Baugesetzbuchs erlassen werden. ²In diesen Fällen sind, soweit das Baugesetzbuch kein abweichendes Verfahren regelt, die Vorschriften des Ersten und des Dritten Abschnitts des Ersten Teils, des Ersten Abschnitts des Zweiten Teils des Ersten Kapitels, die §§ 30, 31, 33, 36, 214 und 215 BauGB entsprechend anzuwenden. (3) ¹Anforderungen nach den Abs. 1 und 2 können in der Satzung auch zeichnerisch gestellt werden. ²Die zeichnerischen Darstellungen können auch dadurch bekannt gemacht werden, dass sie bei der erlassenden Behörde zur Einsicht ausgelegt werden. ³Hierauf ist in der Satzung hinzuweisen.

Siebter Teil
Ausführungsbestimmungen zum Baugesetzbuch

Art. 82   Frist zur Nutzungsänderung ehemaliger landwirtschaftlicher Gebäude

Die Frist nach § 35 Abs. 4 Satz 1 Nr. 1 Buchst. c BauGB ist bis zum Ablauf des 31. Dezember 2008 nicht anzuwenden.

Achter Teil
Übergangs- und Schlussvorschriften

Art. 83   Übergangsvorschriften

(1) Auf Baugenehmigungsverfahren, die nach Art. 67 Abs. 1 Satz 1 in der bis zum 31. Dezember 2007 geltenden Fassung eingeleitet wurden, sind die Vorschriften dieses Gesetzes in der bis zum 31. Dezember 2007 geltenden Fassung anzuwenden, wenn der Bauherr nicht gegenüber der Gemeinde oder gegenüber der Bauaufsichtsbehörde erklärt, dass die Vorschriften dieses Gesetzes in der ab 1. Januar 2008 geltenden Fassung Anwendung finden sollen.

(2) Auf Bauvorhaben, für die der Bauherr bis zum 31. Dezember 2007 die erforderlichen Unterlagen bei der Gemeinde eingereicht hat, ist Art. 64 in der bis zum 31. Dezember 2007 geltenden Fassung anzuwenden.

(3) Als Tragwerksplaner im Sinn des Art. 62 Abs. 2 Satz 1 Halbsatz 1 in der ab 1. Januar 2008 geltenden Fassung gelten die im Sinn des Art. 68 Abs. 7 Satz 2 in der bis zum 31. Dezember 2007 geltenden Fassung Nachweisberechtigten.

(4) Als Brandschutzplaner im Sinn des Art. 62 Abs. 2 Satz 3 in der ab 1. Januar 2008 geltenden Fassung gelten die im Sinn des Art. 68 Abs. 7 Satz 3 in der bis zum 31. Dezember 2007 geltenden Fassung Nachweisberechtigten sowie die auf der Grundlage

der Verordnung nach Art. 90 Abs. 9 in der bis zum 31. Dezember 2007 geltenden Fassung anerkannten verantwortlichen Sachverständigen für vorbeugenden Brandschutz.

(5) Auf Baugenehmigungsverfahren, die bis zum 31. Dezember 2007 eingeleitet wurden, findet Art. 73 Abs. 5 in der ab 1. Januar 2008 geltenden Fassung Anwendung, wenn der Landkreis oder die Gemeinde dies gegenüber der Bauaufsichtsbehörde schriftlich beantragt.

(6) Art. 53 Abs. 1 Satz 2 in der bis zum 31. Dezember 2007 geltenden Fassung findet keine Anwendung im Geltungsbereich von Satzungen, die auf Grund von Art. 91 Abs. 2 Nr. 4 in der bis zum 31. Dezember 2007 geltenden Fassung erlassen worden sind.

(7) Soweit § 20 Abs. 1 BauNVO zur Begriffsbestimmung des Vollgeschosses auf Landesrecht verweist, gilt insoweit Art. 2 Abs. 5 in der bis zum 31. Dezember 2007 geltenden Fassung fort.

Art. 84 Inkrafttreten

[1]Dieses Gesetz tritt am 1. Oktober 1962 in Kraft. [2]Die Vorschriften über die Ermächtigung zum Erlass von Rechtsverordnungen und von örtlichen Bauvorschriften treten jedoch bereits am 1. August 1962 in Kraft[1].

---

1 Gilt nur für die ursprüngliche Fassung des Gesetzes; die vorliegende Fassung tritt grundsätzlich am 1. 1. 2008 in Kraft (vgl. § 4 Abs. 1 und 2 des Gesetzes zur Änderung der Bayerischen Bauordnung und Änderungsgesetz).

FÜR DIE PRAXIS.